就是劳模精神

劳动美青少年劳动教育丛书

陈小庚 主编

王春燕 编著

致最可爱的人们！

SPM 南方传媒
全国优秀出版社
全国百佳图书出版单位
广东教育出版社
·广 州·

图书在版编目（CIP）数据

这就是劳模精神 / 陈小庚主编；王春燕编著 . — 广
州：广东教育出版社，2021. 8（2022. 5重印）
（中国梦·劳动美青少年劳动教育丛书）
ISBN 978-7-5548-3428-2

Ⅰ . ①这… Ⅱ . ①陈… ②王… Ⅲ . ①劳动教育—青
少年读物 Ⅳ . ①G40-015

中国版本图书馆CIP数据核字（2020）第133525号

出 版 人：朱文清
策划编辑：郝琳琳
责任编辑：柴 瑶
责任技编：姚健燕
装帧设计：邓君豪
插 画：刘可爱

ZHONGGUO MENG LAODONG MEI QINGSHAONIAN LAODONG JIAOYU CONGSHU
ZHE JIUSHI LAOMO JINGSHEN

中国梦·劳动美青少年劳动教育丛书 这就是劳模精神
广东教育出版社出版发行
（广州市环市东路472号12-15楼）
邮政编码：510075
网址：http://www.gjs.cn
广东新华发行集团股份有限公司经销
广州市岭美文化科技有限公司印刷
（广州市荔湾区花地大道南海南工商贸易区A幢）
787毫米×1092毫米 16开本 9.5印张 190 000字
2021年8月第1版 2022年5月第2次印刷
ISBN 978-7-5548-3428-2
定价：28.00元
质量监督电话：020-87613102 邮箱：gjs-quality@nfcb.com.cn
购书咨询电话：020-87772438
声明：感谢在本书出版过程中给予无私帮助和支持的众多单位及个人，但在编写过
程中经过多方努力，仍有部分图片无法与其著作权人取得联系，恳请著作权人与我
社联系，以便支付稿酬。

劳动最美

陈小庚

我国的第一部诗歌总集《诗经》里面有很多记载劳动、歌颂劳动的场面，如"九月筑场圃，十月纳禾稼。黍稷重穋，禾麻菽麦""采采芣苢，薄言采之。采采芣苢，薄言有之。采采芣苢，薄言掇之"。而在春秋战国时代，诸子百家之一的墨子，即是一位高度重视劳动的伟大思想家。他主张每个人都必须参加劳动，强烈反对不劳而获——"赖其力者生，不赖其力者不生"。热爱劳动、歌颂劳动，一直是我国的伟大传统。2013 年 4 月 28 日，习近平在同全国劳动模范代表座谈时指出："劳动是财富的源泉，也是幸福的源泉。人世间的美好梦想，只有通过诚实劳动才能实现；发展中的各种难题，只有通过诚实劳动才能破解；生命里的一切辉煌，只有通过诚实劳动才能铸就。"这套《中国梦·劳动美青少年劳动教育丛书》，即是这样一套以劳动模范、大国工匠、创新大师的主要事迹为基本内容，给青少年读者以榜样力量的丛书。

袁隆平、钟南山、屠呦呦……这些名字如雷贯耳，他们的事迹家喻户晓，耳熟能详。但是，除了这些名人之外，还有许许多多对于普通读者来说仍觉陌生的劳动模范，他们或是高铁建设者，或是航空事业建设者，或是港珠澳大桥建设者，或是城市里的环卫工人，或是工厂里的技术工人……他们精神的传承，是自身努力的结果，也有时代赋予的机遇。当然，他们或许没有前面这些名人那样耀眼，但是他们的故事也都闪烁着人文的光辉。我们该如何讲好这些故事？

在接到编写这套丛书的任务之初，我们编写团队就在心里嘀咕：现在的学生，还喜欢看劳模的故事吗？能理解劳模的精神吗？因为我们脑海里浮现的是我们读中小学的那个年代——二十世纪八九十年代甚至更早之前的影视劳模形象——从事最艰苦、最危险的工作，只讲奉献、不求回报，基本上是不食人间烟火的孤胆英雄。小时候，总觉得故事里的那些劳模都是高高在上，让人仰望的，与我们平凡的生活似乎隔着一段很长的距离。而这一代的学生，是互联网原住民，比起我们小时候，他们的眼界更加开阔，思想更加独立，也比我们有更多的质疑精神，是决不盲从的一代。从前那种抽去筋肉、拔高了的"虚空化"描写很难让他们接受。编写团队决定更多采取新闻叙事的写法，以平行的视角、平实的语调，不拔高不夸张，以细节还原、呈现他们的事迹，尽量保留生活的烟火气。他们是人，是真实的人！如果可以，我相信他们一定愿意与正在读这套丛书的小读者们一起面对面、平等地叙说，探讨他们的事业、他们的追求。在这套书中，主人公即使身处条件异常恶劣的环境，也咬牙奋斗，最后通过自己的不懈努力改善环境的故事不胜枚举。关于这些可敬可爱的劳动模范的故事，我就不赘述太多，等你们自己去书中"寻宝"。但是，我想跟你们分享几点我们在编写这套丛书过程中的感悟。

终身学习的重要性。人生就是一场马拉松，起跑线其实并不重要，终点线也是。你只要在这过程中，持续不断地跑，一直往前，那么，你将赢得人生。这些获得了国家级荣誉的劳动模范，他们就是最好的榜样。这套丛书中的主人公，很多人起点并不高，有职业院校毕业的，有刚读完中小学就因为种种原因辍学的，他们虽然离开了学校，但是并没有放弃学习。或跟着师傅学习专业知识、自己看书做笔记学习理论知识，或四处游学、研究，最后在自己的专业领域做到极致。

自我激励的重要性。不管环境如何，一定要心怀光明，无论遇到什么困境，都要保持积极心态。不放弃不抛弃。这些主人公在追求事业的道路上都遇到了很多坎坷，甚至是生死难关，可是他们都是咬着牙挺了过来。遭遇挫折和打击时，他们也曾犹豫徘徊，也曾痛苦迷茫，但是，只要心中有坚定的信念，他们很快就调整情绪，积极追梦。

认识劳动的价值。在进入互联网和移动互联网时代的今天，科技和物质水平高度发达。随着生产环境和生活条件的改变，书中一些主人公从事的工作，在不久的未来或将消失。但是，变革的是场景，不变的是这份对劳动的热爱之心。细心的读者可能还会发现，在这些主人公身上频频出现的一句话是"一辈子只做一件事"！也许，对于如今这个瞬息万变的时代，这个观念在新时代看来非常落后，但是，那曾经是父辈们、祖辈们非常看重的品德，是他们实践得到的经验和信仰。今天，我们未必是一辈子只干一件事，但是一辈子都要干事这种理念，仍然是要继承的。

　　不管是精神的，还是物质的成果，它们的形成都离不开劳动。我们在享受精神和物质成果的同时，既要感恩劳动者，也要积极投身劳动，做一个热爱劳动、热爱劳动人民的人。

目录

壹

实干·苦干

崔蕴：用生命组装火箭　002

徐立平：神奇的火药雕刻师　010

柯卫东：一个和《诗经》里的植物打交道的男人　018

许纪平：横平竖直，有规有矩　023

王华：在『天上』操作机械的人　029

贰

好学·创新

盖立亚：中国机床 『破冰者』

张黎明：黎明出发，点亮万家

严家升：地铁里的 『安全卫士』

钟栋鹏：劳模更应该在精神上给人以力量

唐银波：在金属上刻花儿

065　059　053　045　038

叁

坚守 · 担当

陈纪言：医者大爱仁心

钟扬：科学研究本身就是对人类的挑战

于广平：『中国智造』追梦人

葛海军：造纸机的灵魂

张阔海：祖国北疆『守护神』

100　093　087　080　072

责任·奉献

张玉滚：乡村教育守望者 108

白玉晶：城市地下开出的『铿锵玫瑰』 115

裴春亮：讲好裴寨的故事 122

崔光日：警察这个职业，是我一辈子的骄傲 129

张义标：普通人的榜样力量 136

肆

壹／实干·苦干

数十年如一日，因为热爱。

崔蕴：
用生命组装火箭

> 让航天精神和操作技艺薪火相传，是我义不容辞的责任。

作为中国新一代运载火箭总装第一人，火箭的内部结构已经"长"在了他的脑子里。从首枚捆绑式运载火箭"长征二号 E"（俗称"长二捆"）到长征系列运载火箭，崔蕴参与总装的火箭总数有 70 多发，最为人称道的是攻克了"长征五号"大直径火箭装配难的关键技术问题。人们说，他是在用生命组装火箭。

从我国第一颗人造地球卫星"东方红一号"成功发射、"神舟五号"载人飞船升空到发射我国首个自主研制的载人空间试验平台"天宫一号"，我们曾无数次从各种视频直播中看到火箭发射时那些激动人心的场面。但这个由无数大大小小零件组成的钢筋铁骨的"大个子"，站在发射台上等候点火升空前，还要完成最后一道复杂的工序——总装。

总装，是火箭诞生前的最后一道关卡。它需要把上万个零件手工组装成一发真正的火箭。大到助推器、火箭管路，小到一颗微小的螺丝钉，就像拼模型一样，要把它们一样样地安装到一起。但拼火箭，可比拼模型难多了。

而崔蕴，就是这最后一道关卡的"总把关人"。曾有人说，没有崔蕴，大火箭可能都立不起来。

把火箭装在脑子里

1980 年，19 岁的崔蕴考上了当时中国航天科技集团一院 211 厂（简称"211 厂"）技校。两年后，他顺利进入了 211 厂火箭总装车间，被分配到装配二组工作。在这里，他终于见到了以前只在书本和模型上才看得到的实物，一下子就喜欢上了这个庞然大物。

出于对火箭的热爱，崔蕴投入了极大的热情和精力去学习，每次做完自己的工作，他都要跑到其他组里去看同事工作。他不仅努力学习技术操作，对火箭理论也充满了兴趣：别人判读数据，只要确定在正常范围，就不再追究，可他不仅要学会判读数据，还要分析数据曲线的趋势，预想可能发生的情况；别人只看与自己工作相关的图纸，他却抱着一整本《设计手册》研读。凭着手勤、眼勤、腿勤、脑勤，崔蕴很快成长起来，十几年里，他到过车间装配一组、装配二组、装配五组、工艺组、调度组、重点型号装配组等不同岗位，能熟练运用 500 多件装配工具，火箭的内部结构全都装在他的脑子里。42 岁时，崔蕴被评为特级技师。

为火箭"拼命"

说起崔蕴，人们总是会提起他为火箭"拼命"的故事。

1990 年 7 月 13 日，我国首枚"长二捆"火箭准备在西昌发射。然而就在发射前，火箭助推器的氧化剂输送管路上的密封圈忽然发生泄漏。无论是对火箭还是抢险的人来说，这都是致命的问题。此时火箭已经准备发射，助推器里充满了液态的四氧化二氮——一种危险无比的燃料，人若直接接触会把皮肤烧伤，一旦吸入气体，还会破坏人的肺泡，进而窒息而亡。

崔蕴当年只有 29 岁，是抢险队里最年轻的一个。他二话不说，和另一名同事背上滤毒罐，往身上洒了些防护用的碱水，就钻了进去。因为对火箭结构很熟悉，他很快就找到了发生泄露的密封圈。他立即用扳手去拧紧传感器本体，试图把密封圈压紧。然而此时更大的麻烦来了，因为密封圈早已被腐蚀透了，崔蕴稍微一拧就拧断了，传感器里的四氧化二氮立即喷了出来，火箭舱内弥漫起一股橘红色的烟雾，有毒气体的浓度急剧上升，一下子就达到了滤毒罐可过滤浓度的 100 倍。置身于舱内的崔蕴和他的同事，除了赶紧退出已别无他法。

但崔蕴想在离开前尽可能地多处理些问题，他强忍着痛苦坚持在舱内操作，终因体力不支，眼前一黑晕倒了。被送到医院后，他的肺部有 75% 的面积被四氧化二氮所侵蚀，为他抢救的医生连连感叹："再晚送一个小时就肯定没命了。"

崔蕴"捡"回了一条命，却也因为输入了过多的解毒药令身体太过虚弱，被调到了工艺组。但没过多久，崔蕴又主动申请调回总装车间。

崔蕴还曾两次被脑血栓击倒。第一次很快就康复出院，出院后为了尽快恢复体质，更好地胜任总装工作，崔蕴开始实行自己的"康复训练法"——暴走，每天下班后他都要走 4 个小时，最长的一次甚至走了 16 个小时。第二次脑血栓发作留下了较大的后遗症，出院后他甚至无法走直线，这让崔蕴一度以为，自己再也不能走上最热爱的火箭总装岗位了。

但也许是这份热爱又一次感动了上天，机会再次不期而至。2014 年，新一代运载火箭"长征七号"的研制进入了关键阶段，211 厂天津厂区第一次启用总装厂房。新型号、新环境、新设备、缺乏经验的新兵队伍，没有一个领军人不行。因个人综合能力强和带队经验丰富，崔蕴再次被推到前台。冒着再次发病的风险，崔蕴接下了任务。正是这一年 5 月，崔蕴卧病多年的老母亲去世了，后来崔蕴苦笑着说："说句不孝的话，老妈走了，我倒可以全身心地投入新一代运载火箭的研制工作了。"

逆向思维解难题

在中国新一代运载火箭中，"长征五号"的芯级直径达到 5 米，被形象地称为"胖五"。因为直径很大，又采用了许多新技术，过去的装配方式和工具完全不能满足"长征五号"的总装要求。比如说：装配时会出现够不到最高处的情况，这时就要借助梯子，一边爬梯子，一边还要拿着又大又重的需要装配的仪器，总是难以兼顾。还有许许多多的难题，都给装配大大增加了难度。

就在大家一筹莫展的时候，崔蕴凭借着几十年来对火箭各系统性能的了解和知识积累，逆向思维，提出了一个好点子：让这个庞然大物转起来！

在一次次地摸索中，崔蕴甚至把自行车的辐条原理借鉴到二级火箭的滚环安装中。经过上百次实验和无数次修改图纸和方案，崔蕴带领团队花了整整两个月时间，终于攻克了"长征五号"大直径火箭装配难的关键问题，工人在地面就可以进行各项装配工序，实现了多人多点同时操作，总装工作效率提高了两到三倍。

崔蕴在"长征五号"总装测试现场（图片来源：新华网）

"干火箭，千人万人一杆枪"

　　对火箭事业的热爱，让崔蕴一直思考如何把他几十年来积累的知识和技艺传承给下一代。用他的话说："让航天精神和操作技艺薪火相传是我义不容辞的责任。"

　　这些被他称作"孩子们"的年青一代航天人刚毕业，崔蕴便严格要求他们每一项操作都要遵守规矩，甚至细致到手把手地教他们拿扳手、拧螺丝、用钳子，他常年随身携带"六件宝"：老花镜、手电筒、卷尺、放大镜、望远镜和激光笔，用来严格检查和指导徒

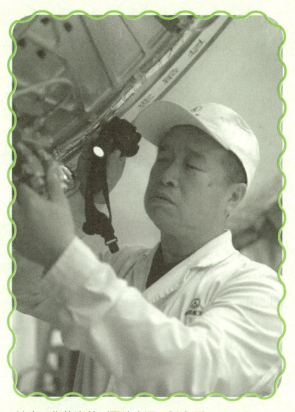

认真工作的崔蕴（图片来源：新浪网）

弟们工作。徒弟们都知道，如果远远地听到丁零咣当的声音，那说明师傅等一下就会出现了。在中国文昌航天发射场执行首飞任务期间，总装团队内部总共整改了 60 多项问题。可以说，高标准实实在在地融入了这个团队的灵魂里。

崔蕴时刻提醒着团队成员要团结协作，精益求精，因为在他看来，干总装容不得丝毫闪失，这既是对火箭负责，也是对自己负责："不为得过且过而后悔，不为疏忽而痛心，不让自己送命。"

2014 年，以崔蕴的名字成立的"国家级技能大师工作室"，承担了新一代长征运载火箭各级动力系统试车的总装等工作，包括我们熟知的"长征五号"和"长征七号"运载火箭。"干火箭，千人万人一杆枪，大家都围着一发火箭转，一发火箭发射最多需要几百秒，但之前几年到十几年的设计、研发、制造时间，却是分毫也不能少。"在他的带领下，他的团队完成 300 余项技术改革，独创火箭总装总测的工作技艺及流程方法，有效支撑了火箭短短几百秒生命周期的安全飞行。

2020 年 5 月 5 日 18 时 00 分，中国文昌航天发射场，"长征五号 B"运载火箭成功升空入轨，首飞任务圆满完成。作为我国运载能力最大的新一代运载火箭，它的主要任务就是负责把空间站的舱段送入轨道。首飞成功标志着我国的空间站建设又向前迈进了一大步，而崔蕴和他的团队为了这次发射，又一次连续在文昌奋战了数月。

"既然选择了火箭事业，就要把它做到极致"，这或许是崔蕴对他终生所爱的火箭事业最深情的告白。

　　因为热爱，即使付出自己的生命也在所不惜。对其他人和火箭事业，他也容不得有丝毫闪失。"不为得过且过而后悔，不为疏忽而痛心，不让自己送命。"这是他对团队的要求，也是对他终生所爱的火箭事业最深情的告白。

资料来源：央视网、津滨网、《天津日报》

徐立平：
神奇的火药雕刻师

> 航天系统里，像我这样的人很多，我还是更适合默默无闻。

　　有一把刀，是以他的名字命名的——"立平刀"。徐立平就用这把刀为火箭发动机固体推进剂做"整形手术"，被人们称为"神奇的火药雕刻师"。经他之手"整形"的产品，保持了100%的合格率，"整形"后的燃面误差不超过0.2毫米，仅仅相当于两张A4纸的厚度。每天都要和危险打交道的他，还瞄准了数控整形技术，编出国内第一套数控整形程序，填补了国内的技术空白。

要想弄明白徐立平做的事，我们先来说说固体火箭发动机是怎么回事。

固体火箭发动机是指使用固体推进剂的化学火箭发动机。大部分固体火箭发动机可以简单地看作：一个圆柱壳子，里边填满了推进剂，其中一端封闭，另一端安装喷管。点火后，固体推进剂就在壳子里剧烈燃烧、蔓延，产生推力。推进剂燃烧完毕，这个火箭发动机的工作就结束了。

再来说说火箭推进剂。固体推进剂的主要成分是高氯酸铵、铝粉和一种类似橡胶的高分子材料，再就是其他一些助剂。这些燃料混合成液体倒入一个模子里固化。由于燃料从液体固化成固体的时候表面会有一些瑕疵，比如边缘会黏连到发动机外壳和芯模上，需要修理。固化后的燃料不算硬，有点像橡皮，可以用刀子切割。徐立平做的就是这件事，他在这个岗位上已经工作了 30 多年，被人们称为"神奇的火药雕刻师"。

要做自己认为是正确的事情

1987 年，不到 19 岁的徐立平从技校毕业，在母亲的支持下，他来到母亲曾经工作过的地方——中国航天固体火箭发动机生产基地整形车间，他的母亲曾经是这里最早的一批员工之一。实际上，徐立平一家 11 口人里，除了 3 个还在上学的孩子，都是航天人，可以称为"航天之家"。他的儿子徐浩隽从小就印象深刻地知道自家与别人家的不同：别人家是聚在一起天南海北地聊天，他们家是大人们在一起讨论飞行安全生产和操作标准。甚至到年夜饭时，大人们把倒酒也搞成了技能大赛，看谁把酒斟得"液面"比杯沿还要高，如果手不稳把酒洒出来，就会受罚。

这种来自"饭桌上的教育"潜移默化地在下一代身上播下了爱航天的种子，养成了好学的习惯。徐浩隽记得有一次爸爸对他说："我这么大年纪还在学习编程，你凭什么不好好学习？"徐浩隽说，爸爸会在一些看似极微小的事情上对他要求严格，还告诉他长大后要做自己认为正确的事情。

徐立平也在自己认为正确的事情上，一直干到了现在。

和危险打交道

每天工作前，徐立平都要打起十二分精神，提醒同事们做好准备工作：天平砝码摆放要从左到右、从小到大，反了不行；作业时必须佩戴防静电手环；如果谁工作不在状态，注意力不集中，就不能上岗……

严防死守的背后，是这份工作需要的极高精准度和不言而喻的危险性：因固体燃料的特殊性，整形刀具一旦碰到金属壳体，或发生静电放电，就可能引发燃烧甚至爆炸，操作人员没有丝毫的逃生机会。

在徐立平的职业生涯里，他也多次碰到危险的抢险排障任务，这时候的他总是没太考虑自己的安危，勇敢地站出来承担责任。

1989年，我国某重点型号发动机进入研制攻坚阶段，可是这时候连续两台发动机试车失利，另一台即将试车的发动机也出现药面脱粘（火药再次发现裂纹）。当时还没有先进的检测设备，为了找出故障原因，专家组决定派人直接进到发动机燃烧室里，把已经浇注固化好的推进剂挖出来。

刚刚进厂两年、只有 21 岁的徐立平想也没想就报名参加了抢险队。

因为发动机燃烧室内空间狭小，每次只能进去一个人，进去的人要穿好防静电的纯棉工服，半蹲半躺在成吨的固体燃料堆里，一点点地用木铲子、铜铲子把燃料挖出来。周围充满了刺鼻的火药味，人在里面待不了多久就得出来，并且一次只能铲出四五克药，非常不容易。就这样，总共花了两个多月时间，抢险队才像蚂蚁搬家一样把全部燃料都挖了出来，成功找出了故障的原因。修复后的发动机地面试车最终取得了成功。这次任务结束后，徐立平有很长一段时间甚至都走不了路。

这样的事情还有很多。对徐立平来说，选择了一份与众不同的职业，每天都要和危险打交道。但只要组织和任务需要，他仍会毫不犹豫冲在最前面。

每当看到电视上播放航天器发射的场面，徐立平的孩子们就会激动地喊道："快看，这是爸爸他们制造的！"每当这时，也是徐立平最感慨的时候，这其中深含的每一个航天人的责任与付出，只有他们才能体会！

两张 A4 纸的误差

为什么要对固体动力燃料药面进行"整形"呢？这是因为，发动机推进剂燃面的尺寸和精度，决定了它的燃烧走向，进而决定着导弹的飞行轨道和精准射程。如果出现差错，可能会导致发动机偏离轨道，甚至爆炸。而燃面整形到现在还是一项世界性难题，需要有严谨的工作态度和极大的耐心。

固体燃料有很强的韧性，而且含有粗糙的颗粒。如果技术人员把握不好用刀力度，没有过硬的技术，一刀切下去，燃料表面很难保证平整；如果切多了几刀或者留下刀痕，燃料表面的精度就会与设计不符。

那么，怎么样才算是合格的呢？燃面精度允许的最大误差是0.5毫米，这个标准肉眼根本看不出来，一切都要凭"感觉"，而这份"感觉"只能来自长期刻苦的练习。为了练好手上功夫，徐立平几乎把所有心思放在怎么下刀、怎么切、怎么削、怎么铲、怎么用力……他一丝不苟，虚心请教，脚踏实地一刀一刀地练，练坏了30多把刀具，手上也越来越有感觉。后来他只要一摸，就知道怎么修整出符合要求的平面来。经徐立平之手雕刻出的燃料表面，误差不超过0.2毫米，仅仅相当于两张A4纸的厚度，保持了100%的合格率。

徐立平的好手艺给人留下了非常深刻的印象，已成为整形组的一把好手的杜鹏回忆道："又高又帅的徐师傅把我们带到发动机前，形状异常复杂的发动机药面，他拿刀削削铲铲，很快一个符合设计要求的带圆弧的锥面就出来了。很漂亮。"敬佩之情溢于言表。

徐立平在观察产品的平整度
（图片来源：西安文明网）

一把名气很大的刀

一个优秀的技术人才，除了在日常工作中严谨勤奋，在业务上也不会满足现状，而是不断地追求突破和创新。在药面整形圈子里，有一把名气很大的刀，叫"立平刀"，这是以徐立平的名字命名的一项专利技术。

有一次，徐立平的一位同事在给一台直径仅碗口大小的发动机做燃面整形时，手里的刀具不小心碰到了发动机金属的外壳，瞬间引起发动机剧烈燃烧，同事当场就牺牲了。这件事，是徐立平心里一处过不去的伤痛。徐立平开始琢磨怎样降低工作中因为失误而可能带来的风险，他想做一把更安全、更好用的刀。

他和同事一起来到西安的城隍庙，仔细观察木匠使用的刀具，想从中发现一点儿灵感。回到家，徐立平也不停地在纸上涂涂画画，再回到车间一次次地试验，修改设计参数。有一天，他看到儿子在用削皮机削苹果，突然就有了灵感，第二天一上班，他马上就带着徒弟们一起设计制作，再不断地完善，反复调整刀片的角度，终于做成一个半自动的整形专用刀具，用它来切、削、称量、处理废药，一气呵成，大大提高了工作效率。这个刀具后被命名为"立平刀"。除了"立平刀"，徐立平还根据不同类型的发动机，不同阶段、不同部位的整形需求，设计、制作、改进了几十种刀具，其中九种申请了国家专利。

因为燃面整形的要求非常精细，一直以来都没有机器可以完全替代人工。可徐立平一直没有放弃这个念头，"我希望有一天，我这个工作能被机器完全替代"。他瞄准了数控整形技术，在厂里支

徐立平的"立平刀"（图片来源：西安文明网）

持下引进了一台立式整形机。可机器买回来了不会用，当时国内也没有相关的自动化程序，徐立平和同事们就决定自己编程，一边自学一边实践。

功夫不负有心人，三个月后，几个没有上过大学的人竟然编出了国内首套数控整形程序。那一天，当徐立平按下了启动按钮，现场所有人都紧紧地盯着数控台上的显示器。随着设备的快速旋转，刀片在电脑的操控下平稳地切削着发动机内的固体燃料，一个完美的燃面显露在显示屏上，仅仅用了 10 分钟，就完成了对一发发动机表面的整形。看到这一幕，大家都很激动。在这之后，徐立平和伙伴们更来劲了，琢磨起几十种火箭发动机的数控整形技术应用，最终 80% 以上的型号整形实现了远程控制，大大降低了手工操作的风险。这是一次质的飞跃，填补了国内的空白。

劳动精神

　　天天和火药打交道,坚持三十年不失误、不出次品,这需要怎样的勇气和力量?徐立平常常对儿子说,长大后要做自己认为是正确的事情。对他来说,做好火箭发动机燃料的"整形"工作,就是最正确的事,为此,他三十年如一日,不惧危险,执着坚守,匠心报国。

资料来源:学习强国、央视网、西安文明网

柯卫东：
一个和《诗经》里的植物打交道的男人

❝论文写在大地上，成果走进百姓家。❞

多年来，柯卫东带领团队，脚步踏过全国 20 多个省市，远及东南亚国家，至今收集和保存了水生蔬菜资源 2000 多份，编著出版了我国第一套水生蔬菜资源专著，制定了农业部行业标准 6 部。武汉水生蔬菜资源圃已成为当今世界上最大的水生蔬菜种质基因库，为我国水生蔬菜基础性科研、教学及生产提供了重要的物质基础。

中国人以水生植物为食，由来已久。古人不仅直接从自然界中采集，还很早就学会了栽培，迄今已经有两千多年的历史。采集和栽培，体现了古人和大自然和谐的关系。莲藕、茭白、荸荠、水芹菜、慈姑、菱角、莼菜、蒲菜、蕹菜……当人类的眼睛第一次和它们相遇，便注定了彼此一生的交织：不仅是味蕾上的满足，也是精神上的相通。中国最早的诗歌总集《诗经》，便保留了这些水生植物最初的名字，以及人类对它们的情感寄托。

　　两千多年后，来自湖北武汉的中国水生蔬菜首席专家柯卫东，一个黑黑瘦瘦、看上去没有一点儿诗意的男人，也用自己独特的方式，执着地在这片土地上写下对这些水生植物的赞美。

踏破铁鞋终觅得

　　武汉市蔬菜科学研究所（以下简称"蔬研所"）成立于1950年，是湖北省历史最久、规模最大、成果最多的蔬菜专业研究所。1984年，21岁的柯卫东从华中农业大学（当时的华中农学院）植物保护系一毕业就来到蔬研所工作。1990年，农业部正式挂牌成立了"国家种质武汉水生蔬菜资源圃"，柯卫东也开启了收集种质资源的漫长历程。

　　收集种质资源是个辛苦活，每一份种质资源收集的背后都有说不完的故事。科研人员要吃得苦、挨得饿，去的都是人迹罕至的地方，有时候跑很久也一无所获。多年来，柯卫东每逢出差就要顺道在当地考察、收集当地的水生植物资源，他和他团队的足迹遍及全国多地，还有世界上许多有水生蔬菜分布的国家。

　　2012年，柯卫东和他的团队到湖南省宜章县莽山收集莼菜资源，连续考察了 10 天却一无所获。他没有放弃，继续带领队员一大早连早饭也顾不上吃就出发考察。在当地向导的带领下，柯卫东和队员们徒步在山林中搜寻 3 个多小时，终于找到了莼菜，这时才感觉饥肠辘辘。当他们找到野生莼菜时才发现，这里只剩下仅仅 50 平方米，再不发现的话可能就灭绝了。

2013 年 10 月，山东梁山地区修建水库，翻开 20 多米深的土层时露出一片古莲子遗迹。当时柯卫东碰巧在附近考察，一听说这个消息，马上赶到了现场，并把这批古莲子带回了蔬研所，亲手将古莲子破壳催芽，播种在围池里。经查证，相关的专业目录上没有这种古莲子品种，这是一个新品种！对一个科研工作者来说，每发现一个新品种，就是对他辛苦劳动的最大回报。柯卫东给它取了个名字叫"山东梁山古莲"。2015 年 8 月，山东梁山古莲开花，明艳多姿，历经地下 800 余年后重新焕发了生机。

就这样，柯卫东带领团队不畏艰险地收集着不同的种质资源，武汉水生蔬菜资源圃收集保存了莲藕等 12 大类水生蔬菜的种质资源 2200 余份，建成当时世界上最大的国家种质水生蔬菜种质基因库，无论是物种、类型、生态型还是份数，均为世界最多，为我国水生蔬菜科研、生产提供了重要的物质基础。

"试管莲藕"之父

湖北是莲藕之乡，这里的莲藕种植面积及产量都在全国占首位，产量占了全国莲藕总产量的 1/3，出产的莲藕质粉白嫩，藕丝绵长，一道莲藕排骨汤让多少人难以忘怀。

20 世纪 80 年代以前，我国水生蔬菜的杂交育种几乎还是空白。

莲藕

柯卫东为了在这一方面取得突破，选择了从种植面积最大的莲藕入手。传统的莲藕留种方式是在采藕时，留下一部分藕不采，作为下一年种藕。这种方式用种量大，采挖的强度大，种苗成本高，成活率却不见得高。1996年，柯卫东带领团队开始科技攻关，为了解决难题，他长年工作在田间，一边观察记录，一边杂交套袋，用了四年时间成功培育出世界上首例"试管藕"，这在当时是轰动一时的新闻。

所谓"试管藕"，就是莲藕育种。培育时，研究人员把藕芽取下，经过组织培养技术（即我们俗称的"克隆"）处理后，将其接种在试管里，大批量地快速繁殖。1支试管藕只有1克，而过去的藕种通常有2～4千克重。1支传统的莲藕只能繁殖10支，而1支试管藕理论上可以繁殖100万支。

在此基础上，柯卫东又带领团队研究出了微型种藕繁殖技术，解决了莲藕种植用种量大、难于长途运输的技术性难题。农民从这项技术里直接受益，收入很快就增加了。

莲藕杂交育种成功之后，芋头、荸荠、慈姑、莼菜、水芹、菱角等人工杂交育种难题，也——被柯卫东团队克服。过去种植单纯依靠植物自身的条件，现在在实验室里则变化出无限多的可能性。

他的团队至今选育出莲藕新品种 10 个、子莲新品种 1 个，新品种比传统品种增产了 30%~50%。其中，鄂莲 9 号亩产莲藕 3000 千克以上，堪称莲藕中的"巨无霸"；鄂子莲 1 号亩产鲜莲子 350 千克以上，也是目前全国产量最高的品种。鄂莲系列被推广到全国 30 多个省市区，新品种覆盖率达 85% 以上，成为我国莲藕的主栽品种。新品种还漂洋过海，出口到了日本、韩国等国家。

就像种地的农民看到田间的丰收一样，实验室里结出的累累硕果，就是对 30 多年来埋头于水生蔬菜培育的柯卫东最大的回报。他经常看着自己的科研成果，高兴地对别人说："今年的收成很令人开心！"这句话中饱含了多少科研工作者对劳动最大的尊重和付出。柯卫东，这个黑黑瘦瘦的男人，竟然和这些《诗经》里古老的植物们，不知不觉打了半辈子交道。

劳动精神

"把论文写在大地上"，这是对像柯卫东这样的科研人员的最诗意的赞美。实验室里结出的累累硕果，就像是农民在田间的丰收一样，他也常常高兴地对别人说："今年的收成很令人开心！"这句话里饱含了一个科研工作者对劳动最大的付出和尊重。

资料来源：《科学中国人》《长江日报》《农村新报》

许纪平：
横平竖直，有规有矩

> 砌筑工的时代或许即将成为过去时，但我相信精益求精的人永远不会被淘汰。

　　和灰、抹灰、砌砖，挥舞起瓦刀来，蹭挤揉刮甩，砍削砸捣切，砌砖工人许纪平练就了一套"一刀准"的功夫，干净利落，颇有美感。他每天的砌砖速度高达4000多块，砌筑的墙体从未拆倒重来。这个全国筑砌工大赛冠军说，"砌筑工虽苦，但我只想精于这一行，那种游刃有余的自由自在，让我感觉踏实"。

2019 年 10 月 1 日上午，北京天安门广场，庆祝中华人民共和国成立 70 周年的盛大阅兵式和群众游行正在进行。在十万名群众的游行队伍中，有一名来自中国建筑第七工程局的普通劳动者，他的名字叫许纪平，是一名砌砖工人。他或许不会想到，做着如此平凡的工作，人生也可以有这样的高光时刻，那一刻，内心溢满了满足感。

虽然做着普通而简单的事，但积累起来就是一份沉甸甸的收获。从许纪平"逆袭"的人生里，我们看到了一股实干背后坚持的力量。

把活儿干漂亮了，就会有成就感

1988 年，许纪平出生在重庆开州区郭家镇一个叫桑坪的小山村。他家里很穷，靠着家里卖的两头猪和哥哥打工的微薄收入才读完了中专。中专毕业后，像所有怀揣希望外出打工的年轻人一样，许纪平来到广州，每月微薄的工资只能维持最基本的生计。城市虽大却没有立足之地，刚刚进入社会的他被结结实实地打了一巴掌。不得已，许纪平到陕西渭南找到了在中国建筑第七工程局有限公司（简称"中建七局"）干活的哥哥，想当一名建筑工。因为相对而言，建筑工虽然辛苦但工资比较高，当时一个月可以拿到 3000 元，"我不怕吃苦，就想多挣钱"，年轻的许纪平想法特别简单。

他从一个小工做起，最初是扛水泥包、搬砖、推车、和水泥。为了更高的收入，他每天要进行 12 小时左右的超强度体力劳动，他瘦弱的身体一度吃不消。在建筑工地工作了两个月后，无奈之下，他又回到了广州。然而，在偌大的广州他依旧没有找到收入与劳动都合适的工作。再次回到工地，他痛下决心，要掌握一门手艺。在哥哥的介绍下，许纪平开始跟一位师傅学习砌砖，也就是我们常说的泥瓦工。

说起许纪平"拜师学艺"的故事，有一个惊人的数字让人印象深刻：从拜师到出师，他只花了 18 天时间，而一般人需要锻炼一两年。这个小小的成就离不开他的天赋与执着，用他师傅的话说："这小伙子有股冲劲，舍得下苦力，有思想，是块干泥瓦工的好材料。"白天，他跟在师傅身边看师傅操作，认真学习口诀："三皮一吊，五皮一靠"，就是砌三层砖用线垂吊一下检查垂直度，砌五层砖用尺竿靠一下校正水平度；"上跟线，下跟棱，左右相跟要对平"，就是说砌砖时砖的上棱边要和准线距离约 1 毫米，下棱边要和下层已经砌好的砖的棱边平行，左右位置要准，上下层砖要错缝，相隔一层要对直。

这些经验虽然琐碎，却是砌好砖最基本的要求，因为稍不注意就得把整堵墙拆掉重砌，不仅浪费人力物力，还会耽误工期。许纪平把这些记在脑子里，到了晚上还要再在脑子里过几遍，他还经常

工地上的许纪平（图片来源：天津市总工会）

一个人跑到工地，拎着刀反反复复地砌了拆、拆了再砌，不停地练习，直到蹭、挤、揉、刮、甩……整个过程做到一气呵成。而为此付出的"代价"是一双磨破皮的手，让他好长时间疼得睡不着觉。就这样，别人要花两年时间才能学会的东西，他硬是不到一个月就出师了。

许纪平身上的这股劲儿很容易就让人想到蚂蚁。众所周知，蚂蚁是动物界里的建筑好手，一个复杂的蚁巢是由成千上万的"建筑大军"——工蚁们用自己的唾液和着黏土沙粒，一点一点砌起来的。一颗沙粒就是一块"砖"，随着"砖层"不断加高加厚，也就形成了一堵堵的"墙"，这些"墙"彼此分隔又相连，形成一个错综复杂的蚁巢。工蚁们的建筑速度也特别惊人，一立方米的蚁巢只要花十几天就能建成。砌好的蚁巢特别结实，即使是用斧子猛砍也很难在上面留下痕迹，还能够抵挡最猛烈的暴风雨。

小小的蚂蚁看似弱小，身体里却有着很大的力量，它们不计较自己的"社会地位"，只是一丝不苟地尽着自己的责任。这好像就是许纪平的写照。回想起自己"出师"的经历，许纪平坦然地说："我只是肯下功夫。而且，把活儿干漂亮了，还会有成就感。"

泥瓦活儿也要有鉴赏力

如今，十多年过去了，许纪平逐渐成长为独当一面的师傅。和灰、抹灰、砌砖，挥舞起瓦刀来，蹭挤揉刮甩，砍削砸捣切，许纪平练就了一套"一刀准"的功夫，干净利落，颇有美感。他每天的砌砖速度高达4000多块，砌筑的墙体从未出现拆倒重来的情况。

这样繁重又枯燥的工作，许纪平一天天做起来，也渐渐地从中体会到了乐趣。用他自己的话说，"砌筑工虽苦，但我只想精于这

许纪平获得第六届全国职工职业技能大赛砌筑工大赛冠军（图片来源：搜狐网）

一行，那种游刃有余的自由自在，让我感觉踏实"。

除了一般的平面墙体，越来越多的建筑中开始出现造型墙设计，这也对砌墙工艺有了更高的要求。有一次，许纪平接到一个复杂的造型墙任务。他拿起图纸的时候就有点懵，根本不知道该从何下手。他看着旁边工友的操作，仍然不得其法。自己勉强对照着图纸砌了一番，也完全不对。无奈之下，许纪平只好请教师傅。经过这次事情之后，许纪平意识到砌墙并非仅仅是"把墙砌平"那么简单，"看似简单的泥瓦活儿，其实也要有艺术鉴赏力呢"！就这样，经过无数次的琢磨和实践，许纪平掌握了各种复杂造型的砌筑，从一个只能砌一般墙体的普通工人，成长为一个能砌各种造型、甚至能从事仿古砌筑的多面手。

2018年，在全国职工职业技能大赛砌筑工决赛中，许纪平砌出了一面在墙体中嵌入上海世博会中国馆造型的效果墙，战胜了80多名竞争对手，一举夺魁，成为全国筑砌工大赛冠军。

许纪平是个喜欢动脑筋的人，他敏感地意识到了这个行业的危机——装配式建筑日趋成熟，新技术新工艺层出不穷，砌筑工的时代或许即将成为过去时，"以前我干砌筑拼的是体力，我想以后我还要读本科、多读书，争取到40岁时，把自己变成一名知识型工人"。

实际上，许纪平早就在为他心目中的"知识转型"做准备了。

2019 年 5 月，经中建七局总承包公司报请批准，公司成立了"许纪平高技能领军人才创新工作室"，重点培养施工一线的高技能人才团队。自他进入建筑业以来，就已经带出了 100 多名徒弟，现在，他要带着他们一起朝更高的目标努力。

"时代发展再快，我相信精益求精的人永远不会被淘汰，精益求精的工匠精神也永远不会过时。""精益求精"是许纪平对"工匠精神"最准确的理解，也是他从一个建筑工地上的小工迅速成长为独当一面的师傅、从一个学徒成长为高技能领军人才的诀窍。

但无论如何变化，横平竖直、有规有矩，是许纪平在砌砖时对自己最基本的要求，这又何尝不是讲述了一个做人的简单道理？不管走到哪里，都要脚踏实地，才能过上好日子。如今，当年的小伙子许纪平也有了自己的小家庭和两个孩子，工资从每天的 100 元涨到了 1000 元。他们努力赚钱，努力让自己的梦想在城市里扎根。

劳动精神

　　横平竖直，有规有矩。这是许纪平在砌砖时对自己最基本的要求，又何尝不是讲述了一个做人的简单道理？从许纪平身上，我们看到一股实干背后坚持的力量，虽然做着普通而简单的事，但积累起来就是一份沉甸甸的收获。

资料来源：《河南日报》《工人日报》

王华：
在"天上"操作机械的人

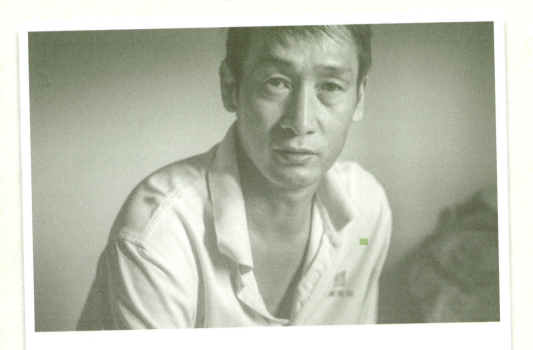

> 66 驾驶的塔吊一次比一次高，建筑的高楼一次比一次巍峨，心里无比自豪。 99

他是那个在城市最高处看风景的人。王华做塔吊工的这些年，见证了中国城市的快速发展：从北京到天津，从东莞到深圳，这些城市的地标式建筑——北京国贸三期、央视新址大楼、天津津塔、深圳平安金融中心——都有他的一份努力。

城市里，摩天大楼不断刷新纪录，人类向天空要空间的愿望一再得到满足。从 1885 年世界上第一座摩天大楼——芝加哥家庭保险大楼，到如今全球第一高楼迪拜哈利法塔，摩天大楼的身高从 42 米蹿升到 828 米，短短 100 多年，这个"摩天"大家庭里，就诞生了数不清的"大高个儿"：迪拜哈利法塔（828 米）、上海中心大厦（632 米）、广州塔（600 米）、深圳平安金融中心（599 米）、台北 101（508 米）、香港环球贸易广场（484 米）、吉隆坡双子塔（452 米）……数字不断攀升，作为看得见的实体，摩天大楼比数字更直观地丈量着脚下这片土地经济发展的速度，物理高度在天空勾勒出一条条更立体的经济增长曲线。

而中国，已经连续 20 多年稳坐摩天大楼总数第一的宝座：截至 2018 年，超过 200 米的高楼已经有 686 座，占了全球总数（1478座）的将近一半。与之相应的，是中国经济的飞速发展和建筑业规模在全世界的绝对领先地位。

"登天梯" "蒸桑拿" "走天路"

1987 年，20 岁出头的王华离开河南信阳农村老家来到北京，在中国建筑一局集团有限公司（简称"中建一局"）当了一名保安。但他不是个甘于现状的人，有想法有追求的他，后来抓住机会转岗做了一名维修电工，加入了中国共产党。再后来，他成了家有了孩子，为了挣更高的工资来养家，王华转岗成为一名"在'天上'操作机械的人"——塔吊工。

说起塔吊工这个高危职业，人们都会好奇地问：塔吊司机是怎么进入那么高的塔吊操作室的？这对一般人来说只是个知识点，可对塔吊工来说，这是他们每天上下班必过的一道坎儿。

"登天梯"：先乘建筑物的升降梯到达最高层，再从楼层的跳板跨 50 厘米的距离到塔吊平台上。可别小看这区区 50 厘米，在几百米高空中要想跨出这一小步，脚底是悬空，下面是蚂蚁大小一样的人群，光是想象一下就脚底发软，但王华每天都要跨两次，再爬几十米同样悬在空中的梯子，才能进入操控室，开始工作。

不足 1 平方米的操控室，四周都是玻璃窗。在几百米的高空，太阳一出来，在操控室坐着就像蒸桑拿一样，但王华每天一坐就是几个小时，这些还不是最难的，最难的是他还要爬到塔吊的大臂上，去给动滑轮上润滑油。因为塔臂没有防护栏，周围只有圆柱形的钢管可以手扶，几乎没有着力点，还要踩着只有 20 厘米宽的梯子往上爬，难度可想而知。王华把这条有 55 米长的塔臂叫作"天路"。

王华在操控室（图片来源：北京时间网）

"走天路"（图片来源：北京时间网）

从战战兢兢、如履薄冰，到谈笑风生、如履平地，最关键的，就是要有战胜恐惧的勇气。经过一次次的历练，王华终于战胜了这条钢铁大臂，也战胜了自己的恐惧心理，练就了高空作业的胆识和坚韧不拔的意志。

王华做塔吊工的这些年，几乎每天都在经历着"登天梯""蒸桑拿""走天路"这三关。从北京到天津，从东莞到深圳，很多城市的地标式建筑——北京国贸三期、央视新址大楼、天津津塔、深圳平安金融中心——都有他的一份努力。他见证了中国城市快速化的发展，他就是那个站在城市最高处看风景的人。

"悬丝诊脉"和"盲吊"

　　王华在塔吊岗位上干了近30年，他刻苦钻研塔吊技术，拜师学艺，上夜校，翻阅技术书籍，现场观摩，不仅二十多年的操作中"零差错"，还练就了两个"绝活儿"：仅根据吊装的声音就能判断塔吊是否处于正常运转状态，以及"盲吊"。在同事们眼中，他是个神人。塔吊一发生故障，项目经理下意识地就会说："赶快找王华。"

　　克服最初的恐惧心理后，王华就下决心要做一个优秀的塔吊人。

　　有一次，王华在塔吊操控室里执行一项巨柱钢梁的起吊任务，地面信号员突然听到对讲机传来王华的喊叫声，跟他说下面有问题，让他赶快查查。信号员马上检查，这才发现拉着钢梁的四根钢丝绳中竟然有一根没有受力。信号员对王华佩服不已，要知道，当时王华可是在几百米的空中，他根本看不到地面的情况，完全是根据吊装的声音判断出有问题，这简直就如中医的悬丝诊脉！

王华在吊臂上（图片来源：网易财经网）

说起"盲吊"那就更神了。2015年，在进行深圳平安金融中心的施工作业时，因为吊装高度近600米，塔吊操纵室的窗户可能会附着水汽从而影响塔吊员的视线，再加上高空中对讲机信号时好时坏，在与其他塔吊配合吊装构件时，随时有可能听不到指挥、看不见吊钩。这时候，王华的"盲吊"就有了用武之地。当塔吊升到高空时，他凭着平时练就的手感和经验，精确地判断吊装物到了哪个位置，果断地按下按钮，安全地把货物准确地放在正确的位置上。要知道，在几百米的高空，如果王华的操作失误了1厘米，吊装的最终误差便可达10米。

他的这个绝活被口口相传，有一家外国公司要出两万多元的月薪挖他，王华断然拒绝了。当初他放弃维修电工而转岗做塔吊司机，只是想赚更多的钱，但现在他主动放弃了更高的收入，是因为他更看重这份工作给他带来的职业荣誉感。这种转变，是王华在这个平凡的岗位上逐渐体会到的，用他的话来说："这么多年，我跟着中建一局南征北战，驾驶的塔吊一次比一次高，建筑的高楼一次比一次巍峨，心里无比自豪！"

在云端写诗的文艺中年

王华这个塔吊工人，和其他人还真有那么一点不同。用他同事们的话说，王华是个文艺中年。

塔吊司机几乎是连续8小时作业，孤身一人坐在操作室中，等待操作指令。这样的孤独寂寞可想而知，王华却在其中找到了乐趣。这么多年来，他每次上塔吊时都会随身带着一个小本本，不用操作塔吊的时候，他就在那个可活动范围不超过1平方米的塔吊驾驶室里，搞搞创作，写诗、写散文，有时候也给单位写新闻稿，发表在公司的内刊上。他在云端写下的诗，每一个字都像是从他的内心深处被"吊"上来的——

攀爬上长长的铁臂，
我站在白云的中间，
对着天空一声大喊，
我来了，和你并肩。
一伸手能摸到蓝天，
也能触碰七彩太阳，
抚摸着钢铁的大臂，
攀爬你是我的梦想。
随着铁臂慢慢转动，
欣赏着脚下的风光，
好似那滚动的列车，
画面在我眼前流淌。

王华喜欢的小说是路遥的《平凡的世界》，他觉得书里的孙少平和自己有相似之处，他也常常用书里的话来激励自己："人生就是永不休止的奋斗！只有选定了目标，并在奋斗中感到自己的努力没有虚掷，这样的生活才是充实的，精神也会永远年轻。"

塔吊工的职业是危险的，也是孤独的。若不是精神上强大，就很难扛得住这份枯燥艰苦的工作。与默默忍受不同，王华是有意识地在工作中磨炼自己强大的意志，他觉得有梦想、有目标才能支撑自己坚持下去，而成为一名最优秀的塔吊司机，就是他选定的奋斗目标。他成功了，也收获了常人难以体会到的快乐和成就感。

劳动精神

在"天上"工作，不仅要克服恐惧，还要战胜孤独。若不是精神上强大，就很难扛得住这份枯燥艰苦的工作。王华觉得，有梦想、有目标才能支撑自己坚持下去，而成为一名最优秀的塔吊司机，就是他的奋斗目标。他成功了，也收获了常人难以体会到的快乐和成就感。

资料来源：千龙网、新华网、人民网

贰／好学·创新

"把对工作的热爱，转化为创新的动力，我感到快乐。"

盖立亚：
中国机床"破冰者"

> **❝** 我一定用百倍的钻研精神，研制出更多更好的设备，成就更多人的梦想！ **❞**

盖立亚与中国机床结缘 20 余年，在中国机床发展的每一个关键时刻，她都既是见证者，更是参与者。她代表中国一流冲击世界一流，打破国外垄断技术，开创了国产数控机床的商品化之路和"中国智造"机床新品类。她被称为中国机床的"破冰者"，连德国专家都情不自禁地用中国话为她叫好："盖，你都不知道你们的机床有多好！"

在中国机床发展史上，盖立亚可谓是一个名副其实的"破冰者"：在中国机床发展的每一个关键的时刻，她都既是见证者，更是参与者。2000 年 8 月，她主持设计了沈阳机床集团的第一台高端数控车床，开创了国产数控机床商品化之路；2009—2012 年，她带领研发团队在高速、高精、复合（五轴联动）机床上取得重大突破，一举打破国外技术垄断。

2016 年 4 月，她通过与有关单位协作攻关，推出国内首台智能尾台机床，其性能与日本同类机床完全一样，而价格只是日本机床的一半。开创了"中国智造"的新品类。

让我们先从一个让盖立亚在国际上"扬名立万"的故事说起吧。

让德国人用中国话为她叫好

2007 年，世界 500 强企业之——德国舍弗勒集团要在江苏昆山建厂生产轴承，需要一批高档数控机床。但他们开出了一个相当苛刻的条件——要求机床的"主轴 1 米直径跳动不超过 2 微米，单脉冲进给不超过 1 微米"，用通俗的话说，就是德国公司同时对机床的精度、刚性和速度提出了要求。熟悉机床的人就知道，这几乎是相互矛盾的要求，因为速度过快就可能影响精度，而刚性强往往又会影响速度。

这一年，进入沈阳机床集团八年的盖立亚怀孕了，妊娠反应还特别强烈。但考虑到如果签下这份合同，不仅能给公司带来可观的经济效益，一旦成功了还将是国内机床设计技术的一大突破，盖立亚决心一定要克服困难坚持下去，保质保量地完成任务。

2007 年 8 月，她代表公司与德方签订了合同并主导研制。接下任务后，她马上开始工作，频繁地在生产现场收集数据，和技术人员一起自制毛坯料进行模拟试验，对切削结果仔细对比，反反复复修改技术方案十多次。在距离预产期仅有 4 天的时候，她还详细地把设计、加工制造、装配等细节写出来，交给她的同事。生完孩子，还没休完产假，她又回公司参加设备调试。

这个难啃的订单，最后硬是被盖立亚给磕下来了。她和她的团队最终为德方公司提供了一个令人"惊艳"的产品，达到的效果甚至超出了当初德方公司提出的标准：实际单脉冲进竟达到了 0.5 微米（头发丝的百分之一）；实现了加工精密大型轴承以车代磨，提高加工效率 4~5 倍。除此之外，还有多项技术指标处于世界领先水平。

盖立亚后来开玩笑地说，"我不但生了一个孩子，还'生'了一台机床"，德国专家也操着生硬的中国话对盖立亚说："盖，你

盖立亚和同事沟通工作（图片来源：东北新闻网）

都不知道你们的机床有多好！"仅这一家企业就陆续从沈阳机床集团订购了上百台机床，纳入了该企业的全球采购平台，为沈阳机床集团走向国际轴承高端市场奠定了坚实的基础。

她的法宝：认真 + 好学 + 创新

"业内同行啃不动的'硬骨头'，她能啃下来；别人不敢揽的'瓷器活'，她手里总有'金刚钻'。其实，她的秘诀并不神奇，就是'认真 + 好学 + 创新'。"这是盖立亚的同事们对她的评价，可谓一语中的。

1999 年，盖立亚大学毕业后就来到了沈阳机床集团机床研究所。2000 年，参加工作仅一年的她，就主持了公司第一台数控机床的设计。因为当时带着她一起搞设计的工程师突然生病住院，临时再找人可能会耽误时间，领导便找到盖立亚，问她"敢不敢干"，初生牛犊不怕虎的盖立亚想也没想就答应下来。当时，研究所的条件还不算很好，用于产品设计的电脑只有五六台，白天轮不到她用，她只能等别人下班了自己再用。

当时正赶上研究所上马数控机床项目，盖立亚感到，"大学书本里的那些经典车床再也不是市场的主流，所以必须要创新"，因此，她先知先觉地把目光瞄准了新观念、新方法、新技术。时间长了，这成了盖立亚身上的一个标签，同事们都把她称为全机能产品的"小鼻祖"，她也开始有了与国内外机床专家一较高下的信心和实力。

盖立亚就这样经常通宵工作，终于，设计搞出来了，可是按照设计组装的机床一试车，又出现了一大堆问题。她来到现场，看到从机床漏出来的水流了满地。她一声不吭就钻到车床底下，很快就找到了漏水点。设计团队又重新设计了防护装置，紧接着又解决了主轴振动、刀架锁不紧等一个个的问题。2000年8月，公司的第一台高端数控车床最终交付使用，开创了国产数控机床的商品化之路。

2009年，国家启动"高档数控机床科技重大专项"，盖立亚主动请缨，承担了高精、高速、车铣复合三个项目，盖立亚的目标很清晰，因为"这是未来我们工业发展的一个方向，我们一定要把握好此次机遇"。项目获批后，盖立亚马上带领团队干了起来。她熬夜加班是常事，也常常最后一个离开工作室。经过三年苦战，她又交出一份漂亮的答卷：在高速、高精、复合（五轴联动）三大系列数控机床上取得重大突破，一举打破国外技术垄断，同时获得多项发明专利和"国家机械工业科技进步奖"等多个奖项。盖立亚个人分别获得了6项实用发明专利、国家发明金奖和国家科学技术进步二等奖，为国家基础工业科技进步做出了巨大贡献。

工作中的盖立亚（图片来源：搜狐网）

盖立亚对创新的理解颇深，她提出了"在学习中创新，在创新中实践，在实践中提升"的理念。她认为，创新不是华而不实，"这就像很多电子产品有很多繁复功能，但多半都是闲置不用，机床也要删繁就简，个性化定制"。她坚定地相信，制造业不是闭门造车，必须要扎根在市场一线，系统地调研客户的细微需求。

　　2013年，沈阳机床集团提出由机床制造商向工业服务商的战略转型，这和盖立亚的想法不谋而合。2014年，她主动要求从研发岗位调到市场一线工作，她相信用腿跑出来的数据。她用一年的时间走访了100多个客户，收集了7大类158项改进意见，从产品在下游的使用需求往上倒推，为确立公司新的产品研发方向提供了精准的决策依据。

　　2015年年底，盖立亚到上海出差，被告知一家购买了他们公司的i5T5智能机床的厂家要求退货，经过仔细询问，盖立亚了解了客户的需求和机床存在的问题。原来是这家企业要加工的轴与公司的机床不太匹配，机床加工时经常使被加工的轴弯曲。在具体了解了用户的切削工艺和要求后，盖立亚带着方案直接联系上海设计研究院，讨论研究协同研发i5T5智能尾台功能，三个月后，新机交付使用，用户试切完全满足了他们的要求。这一技术指标的攻克，也让企业节省了一半的机床购买费用，打破了国外垄断技术，实现了智能制造，解决了外国产品"卡脖子"的问题。

　　近年来，中国制造业一直在升级换代。有很多像盖立亚这样的一线科研人员，希望通过自己的不懈努力，看到"中国装备"傲立于世界先进水平之列。"无论从企业发展、国家需要还是在社会层面，都需要把基础工业水平提升上去。我希望能够通过我们的努力，来提升我们的装备制造水平。"2019年，盖立亚获颁"全国五一劳动奖章"，从人民大会堂领奖归来，她觉得肩上的担子更重了："我一定用百倍的钻研精神，研制出更多更好的设备，成就更多人的梦想！"

劳动精神

　　转型升级中的"中国智造"，需要新的"工匠精神"。从一名青涩的大学毕业生迅速成长为中国机床领域里的领军人物，盖立亚凭的是不怕吃苦、不计得失、敢于豁出去的一股劲儿，更让人看到一个一线科研工作者严谨认真、勤奋好学、不断创新的精神。

资料来源：央视网、机床商务网、央广网

张黎明：
黎明出发，点亮万家

> ❝工作是快乐的，创新让工作更快乐。❞

　　他只是个电力维修工，在公司却有一个以他的名字命名的创新工作室。从这间工作室里，迄今为止诞生了 400 多项技术革新成果，其中有 150 多项获得国家专利，20 多项成果填补了我国智能电网建设的空白。60 后的张黎明，被称为"爷爷级"的科技达人。

"灯火万家城四畔，星河一道水中央。"这是唐代大诗人白居易在任杭州刺史时写下的一首诗里的两句。他描绘的是杭州城傍晚时分的万家灯火，和钱塘江上来来往往的船只里的灯火一起，交织成一道富庶繁荣的城市风景线。

只是那时候，人们使用的还不是电。直到一千年后，中国才第一次使用电。1882年7月26日，上海第一台12千瓦机组发电，沿着外滩到虹口招商局6.4千米的大道上，15盏电弧灯依次亮起。

从那时起，作为迄今为止最复杂的人造系统之一——精密而庞大的电力系统，就在中国发展起来。而在这个精密又庞大的系统中，配电抢修员就像是打仗时的急先锋一样，调度、巡视、抢修……哪里出了问题，哪里最先出现的就是他们。正是他们保证了电力系统的正常运转，张黎明就是其中的一员。

说梦话都是"给我递钳子、给我递扳子"

1987年，从技校毕业的张黎明当上了一名电路巡线工，寒暑冷热，户外作业非常辛苦，张黎明一坚持就是三十多年。这些年，他一边巡查，一边把输电线路经过的位置、周边环境都一一记下来，回去后绘制成一份精确的线路图，每个用户的用电性质和参数指标都清清楚楚地标示在图上。他和妻子去看电影时，经过一根电线杆，习惯性地从自行车上跳下来去查看。有了这份线路图，只要发生事故，他就能根据停电范围、故障周边环境、线路设备健康状况等有限的信息，迅速判断出事故的基本性质和故障成因，为及时恢复送电赢得宝贵时间。久而久之，同事们都把张黎明称作"活地图"，这样的地图，他一共画了1500多张。

张黎明和同事在进行电力抢修
（图片来源：搜狐网）

天津滨海新区有众多世界 500 强企业，张黎明觉得，保证电力系统的正常运转，是自己应扛起的责任。他手机从不关机，常年穿着工作服，为的就是能随时"上岗"，过年的时候更是经常要守在值班室里。他的妻子说，晚上睡觉张黎明经常说梦话，梦里的话竟然是"给我递钳子、给我递扳子"。

有一年冬天，张黎明替一位家里有急事请假的同事顶班，在巡查的时候一不小心掉到沟里去了，出来的时候，他的棉裤已经被冰冷的水给浸湿了。他本来应该马上离开，因为日常巡查一般也不会有什么问题，但张黎明还是不放心，坚持着骑上自行车，把整条线路都巡查完毕后，才穿着结了冰的棉裤回家。这种"不放心"也可以视为一根筋，但这"一根筋"体现的正是张黎明对工作的态度和担当。

"新"的一面

在一个岗位上做了这么久，一般人难免会疲，靠吃老本习惯性做事，不想再进步。可张黎明不是这样的人，从参加工作开始，他就一直在学习。2011年，"张黎明创新工作室"成立，在这间工作室里，迄今为止诞生了400多项技术革新成果，其中有140多项获得国家专利，20多项成果填补了我国智能电网建设的空白。除此之外，工作室还孵化了"蒲公英""星空"等8个创新工作坊，一批一批"蓝领创客"活跃在天津滨海新区供电公司里。

别看张黎明是个60后，但他在发明创造方面，却让不少80后、90后佩服得不行。这些创新，很多是来自张黎明在日常工作中发现的痛点。

有一年夏天，张黎明外出巡线检查，刚好碰到带电班的同事正在进行带电搭火作业。张黎明看到，工人们穿戴着厚重的绝缘服、绝缘手套、绝缘靴和绝缘帽，在15米高的绝缘斗臂车上工作，热得直冒汗，随时有可能中暑，一旦发生危险，后果不堪设想。而像这样的带电作业，维修工人一年就要进行将近500次。

张黎明看在眼里，开始动起了脑筋：能否让机器人代替这样危险的工作？那个时候，可以带电作业的机器人的研发在全世界都还处在起步阶段，没有太多经验参考。张黎明就自己站在电线杆下，观察工人们是如何操作的。

给机器人身上装上多维传感器，结合人工智能算法，从无线控制、鹰眼视觉系统到智能工装……经过几百个日夜的努力，反反复复地试验，克服了一个又一个难题，张黎明团队和清华大学联合攻关，终于成功地在实验室里完成了机器人的带电作业，随着传来一声轻微的"咔嗒"声，机器人的机械手精准地把线夹夹稳在电线的铝芯处，实验室里的灯箱瞬间被点亮了。

这个人工智能带电作业机器人，被张黎明亲切地叫作"钢铁侠"。

张黎明还和同事一起发明了"可摘取式低压刀闸"：当低压刀闸出现故障时，不用再像以前那样必须爬上配电变压器台架上维修，施工人员只要站在地面上使用绝缘闸杆，就可以完成相关摘取、更换和处理。这个发明不仅使维修人员更加安全，而且将维修时间从过去的 45 分钟缩短到 8 分钟，也不用临时停电了。这项发明获得了国家专利，经广泛推广后，每年因停电造成的经济损失减少了300 多万元。

张黎明在"张黎明创新工作室"研发"可摘取式低压刀闸"
（图片来源：浙江新闻网）

张黎明研发的"可摘取式低压刀闸"（图片来源：新浪网）

不少用户在给电表充值时，经常会不小心把薄薄的购电卡掉到电表箱里，只能给供电公司打电话上门开箱取卡，浪费人力和物力。于是，张黎明就做了一个信息服务卡——一个和购电卡材料、大小都类似的塑料卡，上面印有一些便民信息。再把它和购电卡穿在一起，用户再插入购电卡的时候，服务卡就会挂在电表箱的外面，购电卡也就不会掉进去了。这个小小的改变就让天津市十几家供电公司省下 100 多万元。

他还发明了拉杆式的"急修专用 BOOK 箱"，把工具分门别类地放置在一个箱子里，工人一旦出险，到了现场就可以直接拿取工具，不用像以前一样，在袋子里手忙脚乱地翻找工具。他还把多年来遇到的案例总结分析，做成"急修案例库"和"抢修百宝书"，一线抢修人员出工时都随身带着它。

有一名同事这样评价他：张黎明在创新上的勤奋，是出于发自内心对工作的热情。

时刻准备着

一个人要具备怎样的品质才能被视为"榜样"？一是看他在个人的领域里做了什么值得我们学习的事情；还有就是看他为别人和社会带来了什么。

2007年，由张黎明担任队长的"'心连心'滨海黎明共产党员服务队"成立。多年来，老百姓每次给张黎明打电话，最熟悉的就是那句"好，我马上到！"无论是琐碎的家长里短还是事关生死的大事，张黎明都看作是自己的事。

2017年4月12日，滨海新区新开里社区需要停电检修。就在断电前，服务队突然接到社区一个居民的电话，电话那头的范阿姨哭着告诉他们：她96岁的母亲在家靠呼吸机维持生命，一旦断了电，老母亲随时会有生命危险。得知这一情况，张黎明马上和队员带着发电机赶到社区，在现场架起一条20米长的入户供电线路，为范阿姨家实施了长达11个小时的特殊供电，96岁的老人安然度过"停电危机"。

平时闲下来，张黎明的脑子里更是时刻装着邻里们的"这点事儿"。当他听说某小区曾经有人因为醉酒迷迷糊糊撞上了变压器的围栏铁架，他就回到工作室设计了铁架护具模型，防止以后再出现类似的意外碰伤；他去看望孤寡老人时，发现这些老人居住的小区楼道光线都不好，就在网上找到一种声控LED灯，然后用他的1万块钱个人奖金成立了"黎明·善小"微基金，购买了灯泡换上，使600多栋老旧楼的楼道从此告别了黑暗；服务队还主动印制了一些卡片发放到社区，创建了公众平台，还和11个社区150多位老弱孤残人士建立起长期的爱心服务热线。

在国网天津滨海供电分公司，有一句口号叫"黎明出发，点亮万家"，把张黎明的名字巧妙地插入其中。这个口号，也是对张黎明最好的概括。

劳动精神

是什么力量让一份普普通通的工作散发出不平凡的魅力？答案是发自内心对工作的热爱。像张黎明这样，把对工作的热爱不断转化为创新的动力，并最终在创新中体会到快乐。他的身上，还有着不断传承的敬业、吃苦、担当的精神品格。

资料来源：新华网、中国新闻网、搜狐网、中国经济网、电网头条

严家升：
地铁里的"安全卫士"

> **❝** 困难不容低估，信心不能动摇，干劲不可松懈。 **❞**

80后广州小伙子严家升就在这个平凡的岗位上做得有声有色。小到地铁站的消毒、改良钩锁器螺母的直径，大到客流组织、地铁安全，他都像做学术研究那样认真分析并制定方案，还自制培训课件、主持编写车站技术管理细则等方案。成功，不过是"坚持"二字。

一千年前的人们大概怎么也想象不到，人类可以在地下来来往往，一条条钢铁巨龙呼啸而过，把人们带到四面八方。1863年1月10日，在当时的世界中心伦敦，世界上第一条地铁线开通，伦敦有3万民众试乘了6千米长的线路，震惊了全世界。那时的地铁还不是封闭的，就像我们现在在游乐场里玩的小火车一样。

1969年，中国有了第一条地铁线路——北京地铁1号线，全长23.6千米。虽然起步晚，但经过50多年的飞速发展，中国地铁交通里程如今已跃居世界第一。1997年6月28日，广州市第一条地铁线路——一号线西塱至黄沙段正式开通试运营，标志着广州有了自己的地下交通。

广州第一条地铁开通时，严家升才刚刚11岁。

创新性改良钩锁器螺母

广州仔严家升上大学的时候每天都要搭地铁，渐渐地，他对这个交通工具产生了浓厚的兴趣。在大学他学的是商务管理，2009年却加入广州地铁，成为一名普普通通的站务员。

说起来站务员真的是一个很平凡的职业，接发列车、监视列车运行状况、引导乘客进出站、找零、问讯、处理突发事件……每一件都辛苦又琐碎。站务员的休息时间很少，几乎没有节假日，更没有"朝九晚五"，晚班每个人都要轮流上。如果对自己没有什么要求的话，很容易对这份工作产生厌倦，甚至就在这个岗位上得过且过。

工作中的严家升（图片来源：新浪网）

　　但严家升显然不是得过且过的人，这个年轻小伙子有上进心，他觉得自己学的不是这个专业，就要多花时间去弥补自己跟专业之间的差距，所以，他工作的时候格外留心学习，为以后从事技术要求更高的工作打下了坚实的基础。为了保证行车安全，站务员除了一丝不苟地执行日常流程操作，还要想办法尽量避免一些技术上的漏洞。2017 年，他发现在应急情况下用于固定道岔位置的钩锁器在人工钩锁操作时所用时间比较长，于是他就改良了钩锁器的螺母，把直径 12 厘米的螺母更换到 7 厘米，这样就把人工钩锁的时长减少了约 10 秒，大大提高了行车安全。2018 年，在一次中心站组织的人工排列进站学习时，他又发现钩锁器因为被道床阻挡而无法对一部分道岔加锁，于是他和同事紧急商量解决办法，砸掉了阻挡钩锁器的道床，又买回新型锁钩器，经过反复实验，钩锁器终于能够对所有道岔都加锁。

　　从 11 岁时第一次坐地铁，到现在 30 来岁就已经成为广州地铁的一名管理人员，严家升凭的是一股子好学加创新的职业精神。

喜欢写方案的理工男

  大多数人都是在平凡中成长起来的，跟那些惊天动地的大事业相比，更多人是和这些平凡的职业打交道。在平凡的职业中把自己的能力发挥到极致，才是一个劳动者最值得书写的荣耀。

  只用了短短几年，严家升就从站务员升到站长助理，开始负责广州北中心站（管辖花城路站和广州北站两个站）的安全模块业务管理。严家升在工作中特别喜欢思考，典型的理工男思维，喜欢通过数据分析总结规律再找出方法，这已经是他处理问题时习惯的方式了。2020年新冠肺炎疫情期间，地铁站上上下下每天都要全面消毒，看上去不过是抹擦、喷洒这么简单的动作，可地铁站这么大，每天该什么时间消毒、频率如何、人员配置等都需要统筹安排。严家升最后琢磨出了一套办法，他把消毒内容按照乘客界面消毒、空气消毒等划分，再根据各个车站的面积大小、消毒频率，计算出人

新冠肺炎疫情期间工作中的严家升
（图片来源：搜狐网）

员配置和用药剂量，又考虑到车站环境等因素，判断出合理的人员进入和退出路线，最后，进一步细化了配比流程和规范消毒过程，向车站员工和保洁人员下达了细致有效的工作要求，疫情期间保证了地铁车站公共空间的安全。

十年间，严家升提出安全生产方面的优化措施和整改意见竟然有90多次。他自制了培训课件10多份，主持编写了近30万字的《现场处置方案》、20万字的《车站技术管理细则》、数万字的《车站客流组织方案》，还组织编写了多个车站的客流组织方案及"一站一预案"，把日常工作实践总结成理论方法，用自己专业化的技能努力提升广州地铁的管理水平。

30 秒处理两个线路故障

一个人在一件事上的投入程度越多，这件事最终也会给他带来越丰厚的回报，这种回报在精神层面上更大。2018年，严家升有了一次在全国同行面前展现自己的机会，他参加了当年的全国交通运输行业"捷安杯"行车值班员大赛。在这次大赛中，严家升获得了个人组一等奖。这个职业，让他感受到了特别的自豪感。

行车值班员是一个车站的中枢控制系统，是调配地铁车站"大脑"的人，要负责对车辆、设备、行车等集中调度和统一指挥。一旦发生异常情况，行车值班员要第一时间安排确认、维修，确保正常运行。

严家升从第一次选拔赛一路过关斩将，得到省赛的第六名，之后参加全国赛前的培训，他也一直琢磨自己在比赛中的问题。"前期培训信号故障时，我的成绩不突出"，他对这个成绩不满意，对自己提出了更高的要求：保准确、争速度。为了达到这个目标，他在百天备战期间加大了练习强度。每天从家到培训地点，来回要三个小时时间，他就在路上一直回忆故障操作、手指口呼、语音对话……有时候像着了魔一样，脸上愣愣的表情，嘴里却念念有词。

决赛现场，他的表现堪称完美，手指口呼，百来字的标准用语一字不错；30秒处理了两个线路故障——正常情况下，一个故障的处理时间要求是1分钟，而他比这个要求快了4倍！连裁判都给惊到了，给他打出了接近满分的分数。

分数的背后，则是"3500天工作时间、安全零事故、服务无投诉"的安全纪录。别看严家升年纪不大，可他行事很是老成，他总是不厌其烦地提醒着同事们，交通安全来不得一点儿投机取巧："日常操作或应急处置的流程，少一步都不行。你敷衍它，它就刁难你。"

2018年，以严家升为组长的"严家升国匠工作室"成立，这是广州地铁的一个综合性实训平台，每年可以为广州轨道交通发展培训2000人次，他们以自己的专业技能确保着地铁的安全运行。像严家升这样的80后、90后的"技术流"们，正在平凡的岗位上书写着不平凡的人生。

劳动精神

在平凡的岗位上把自己的能力创造性地发挥到极致，才是一个人最值得书写的荣耀。

资料来源：《南方都市报》《广州日报》

钟栋鹏：
劳模更应该在精神上给人以力量

" 除非你没有发现问题，一旦问题出现，我就会勇于克服。**"**

在广汽丰田总装车间的生产流水线上，90后小伙子钟栋鹏每天的工作就是给机器"看病"，解决各种疑难杂症。生产线座椅的输送速度、照明灯的数量、防错装置的控制开关……这些看似很小的问题经过钟栋鹏创新性的改造之后，每年可以为车间减少40万元以上的成本支出。凭着热爱和执着，钟栋鹏也收获了事业上的成功，获得了广东省汽车行业机器人操作手职业技能竞赛冠军和技术创新能手等多项称号，还成为广州市第一位90后的"全国劳模"。

总装，是汽车制造五大工艺（冲压、焊装、涂装、成型、总装）的最后一道工艺，主要是进行零部件的装配。一辆汽车质量怎么样，最终就是由总装配来保证的，如果装配不当，即使所有零件的加工质量都合格，也无法获得符合质量要求的汽车。总装完成合格的汽车，才能宣告正式下线。

2008 年，钟栋鹏走进了位于南沙的广汽丰田总装车间。从一开始，他就非常喜欢这个工作，这里高度自动化的设备让他大开眼界。

"解决问题的过程，让我感到很过瘾。"

广州仔钟栋鹏长着一张娃娃脸，浓眉大眼，看上去是个稳重踏实的人。受他爸爸的影响，他从小就喜欢鼓捣电器和机械，"印象最深的是，有一次爸爸给我一个门锁，我自己在那研究了好久"，钟栋鹏说。上学时他也受老师喜欢，据他的班主任回忆："他一直都是个爱动脑子、用心的孩子。动手能力强，能吃苦，做事有规划。"他最喜欢的课程是物理和生物。

都说兴趣和好奇心是学习最大的动力，而探究和思考则是学习最好的方法。2008 年，钟栋鹏进入广汽丰田汽车有限公司，开始跟着老师傅一招一式地学习怎么检查、维护、改良设备。刚进公司没多久，他便碰上一次机器故障，当时他毫无经验，硬着头皮去尝试、摸索了十多分钟才处理好。他还说，"当时仅仅是模仿师傅的动作，但并不清楚自己为什么要这么做"，知其然而不知其所以然，这些都让钟栋鹏对自己当初的表现很不满意。后来，他周末经常主动加班，钻研应对故障、处理故障的方法，常向老师傅们请教，这才渐渐积累了经验、练就了技能。

正在车间检查的钟栋鹏（图片来源：新浪网）

除了勤学苦练，强烈的好奇心也是他的一大特点。好奇心驱使他并不满足于"病人找上门"，而是要去主动发现"病人"。

有一次，他看到两个型号不同的电磁阀，用的竟然是同一个图片说明。钟栋鹏马上从他的灰色工装服口袋里掏出小本子——这个小本子是他长期放在口袋里的，上面记录了他在工作中遇到的各种疑问——把问题记了下来。当天下班后，他马上联系了厂家，又找到供应商，供应商又让他去问工程师，就这样问了一圈终于找到答案，把图片说明做了更正。虽然这只是个小问题，但钟栋鹏对待工作的认真让人刮目相看。

给"病人"看病，除了对症下药，更重要的是找到生病的原因。碰上复杂的问题，往往还要搞清楚各个生产链条。有一次，底盘气密检测机出了问题，钟栋鹏就一直"跟踪"整个生产流程，一边找问题一边向负责各个生产环节的老师傅们求教，最后终于找到了解决难题的关键。

在厂里老师傅和年轻同事们的眼里，钟栋鹏就是"十万个为什么"的真人版，特别爱提问，而且这些问题都是经过他自己思考以后才问的，所以能问到点子上。钟栋鹏也说："我就是一个好奇心非常强烈的人。"问的次数多了，他也总结出一套"提问心得"："师傅愿不愿教你，还要看你对人家的态度，语言合不合适。"

这么多年来，钟栋鹏负责的55台设备，一直保持正常运转。为了解决问题，他经常"泡"在生产线上，一待就是两三天，直到找到原因。虽然看上去是个笨方法，但钟栋鹏挺欣赏自己这股"傻劲儿"："所谓笨鸟先飞，我没有比别人更聪明的头脑，更灵巧的双手，我有的只是'傻愣愣'的执着。解决问题的过程，让我感到很过瘾。"

"其实创新并不难，首先要善于发现。"

如果仅仅是满足于在一个岗位上把活儿干完，很容易就对这个工作产生厌倦，即使是一开始有强烈的兴趣，兴趣也可能会被时间磨掉。要想避免这种情况，最好的办法是在工作中创新。而在创新之前，自己要先做好充足的知识储备。

进入广汽丰田的十多年里，钟栋鹏如饥似渴地学习着。这是一家自动化程度非常高的企业，很多知识是学校里没有教过的，很多机器是以前从未见过的。无论是机械加工、电气焊、电器维修，还是气控设备设计和维护、日系机器人编程，不管和眼下的工作有没有关系，钟栋鹏都要学。在设备维护中，经常需要用到丰田机工PLC编程（一种数字运算操作的电子系统）知识，钟栋鹏就靠自学，掌握了一套600多页厚的PLC编程指导手册。

说起创新，钟栋鹏有个幽默的说法——

"我讨厌做重复的事，我更愿意通过创新，来给自己的工作偷懒。"说"偷懒"是开玩笑，钟栋鹏其实是想通过创新来提高效率。

有一次，车间的轮胎输送线总是出错，不是出现分流错误就是出现排序错误，导致送到作业工位安装的轮胎和装配轮胎型号不一致，影响了生产线效率。钟栋鹏还是用"泡"的办法，一直守在生产线上，终于发现了问题，经过反复琢磨，他创新性地提出编写一个增加报警功能的程序来解决这个问题，最后成功设计出分流错误和排序错误警报仪。"创新的初衷其实很简单，因为我不想每次都重复面对这个机器的异常。"解决了问题的钟栋鹏这样轻描淡写地说。

这样的"创新点子"还有很多：有一次，他发现生产车间的座椅输送线输送速度非常慢，影响了整个进度，他就组织班组一起讨论，最后想出了办法，通过改变车型检测时机、在适当位置增加电磁阀等方案，缩短了作业人员的等待时间；在降低生产成本方面，他提出了减少照明灯数量、POKA-YOKE（防错装置）加装控制开关、制定车门治具维修方法等节能降耗方案，每年可以为车间减少40万元以上的成本支出。

并不是只有像爱迪生发明电灯那样影响世界进程的才算创新，更多的发明创造，就像钟栋鹏这样，发现日常工作中小小的不足并对它进行改进，就可以让生活更美好一点点。

"其实创新并不难，首先要善于发现。"钟栋鹏说。而这双善于发现的眼睛，来自他对工作的热爱，如果没有这份热爱的话，他也看不到不足和问题。"除非你没有发现问题，一旦问题出现，我就会勇于克服。"

2009年以来，钟栋鹏在工作中做到了"零事故、零灾害、零惊吓"，先后获"广东省汽车行业机器人操作手职业技能竞赛冠军""广州市经济技术创新能手""广东省技术能手""广东省五一劳动奖章""全国机械工业劳动模范"……在2015年全国劳动模范表彰活动中，钟栋鹏骄傲地走进人民大会堂，站上了全国劳模领奖台，成为广州市第一个90后"全国劳模"。

对于"劳模"这个称号，钟栋鹏也有自己的理解。他认为，劳

钟栋鹏获 2015 年全国劳动模范表彰
（图片来源：广州市技师学院官网）

模不一定非得在非常艰苦的工作岗位上工作，相反，劳模更应该在精神上给人以力量，他首先应该热爱自己的本职工作，能从工作中感受到快乐和满足。

在广汽丰田的这些年，他是快乐的，他同样希望自己能带动更多的一线操作人员发挥出工作潜能，让更多的人和他一样，在平凡又热爱的岗位上安放自己的青春热情。

劳 动 精 神

用钟栋鹏的话说，劳模不一定非得在非常艰苦的工作岗位上工作，相反，劳模更应该在精神上给人以力量，他首先应该热爱自己的本职工作，能从工作中感受到快乐和满足。这句话，是对这个时代的劳模精神最好的注解。

资料来源：《汽车人》《新快报》

唐银波：
在金属上刻花儿

> 只要你努力了，就一定会有回报。

　　他是一个在金属上"雕刻"的人：曾经在鸡蛋上加工了一个圆，并且不穿破蛋壳的内膜。还在一块超薄的钛板上完美地刻出 80 条等距槽，每个槽深全部为 0.5 毫米，间隔宽度 2 毫米，误差不超过 0.1 毫米。铣工唐银波用好学和创新成长为中国兵器首席技师、全国技术能手、享受国务院特殊津贴的专家。

铣，这个字可能很多人不知道它有两个读音。其中一个读音是"xiǎn"，本义是金属在氧化锈蚀之前的外表。另一个读音则是"xǐ"，指一种切削金属的专用设备，叫"铣床"，上面安装有"铣刀"，在铣床上加工金属的动作叫"铣削"，而干这个活的工种就叫"铣工"。

世界上第一台铣床是由美国人 E. 惠特尼在 1818 年制造出来的，现在大多使用数控机床。唐银波就是在铣工岗位上干了 23 年的"金牌铣工"，他是一个能在金属上刻出花儿来的人。

成为一个"难不倒"的人

江麓机电集团地处湖南省湘潭市，它的前身就是赫赫有名的汉阳兵工厂，由湖广总督张之洞创办。

唐银波的父亲是江麓机电集团一分厂的老职工，1991 年唐银波初中毕业，进厂做了一名临时工。由于他学历不高，总也转不了正。几年后，他考上了江麓机电集团办的江麓技工学校铣工专业，想通过知识改变命运。

"难不倒的铣工"是流传在机械加工厂的一句行话，唐银波第一次听说的时候还不明就里，但这句话让他对铣工这个职业充满了好奇。

唐银波梦想着成为一个"难不倒"的人，从自己的手中变出各种精妙的机械小零件。和父亲一样，他也是个能吃得苦、能沉得住气的人。在技校的三年里，他每天骑自行车往返学校和家，除了学习还是学习。1997 年，他以专业第一名的成绩毕业，分配到了江麓机电集团三分厂。他给自己定下"勤学、勤问、勤想、勤练"的座右铭，不管在厂里还是宿舍，不管上班还是下班，他把大部分精力都用在学理论和练习技能上。

好学，几乎是每一个能在自己的岗位上脱颖而出的人的共同特点。好学，就意味着他比别人更深入地去了解，那么，他的收获自然也就会更多。只要有学习的机会，唐银波就报名参加；只要有宽裕的钱，他就用来买书，他还常常去图书馆"抄书"，这都成了他的一个绝活儿了。

提起唐银波的高超"铣工"技术，你一定要知道这样一个故事：他曾经利用普通铣床，在鸡蛋上加工了一个圆，并且不穿破蛋壳的内膜！要知道，蛋壳的厚度仅有 0.3 ～ 0.4 毫米，内膜更是轻轻一捅就破，同时蛋壳的表面也是不规则的曲面，稍有不慎就会被破坏。但唐银波利用娴熟的操作，完成了这件一般铣工不可能完成的事。

2002 年，在湖南省国防工业职业技能竞赛中，唐银波获得了铣工第一名，之后又在湖南省职业技能大赛中获得铣工第三名，很快就被破格晋升为铣工高级技师。2007 年，年仅 33 岁的他被湖南省委、省政府授予了"湖南省技能大师"的称号，是全省最年轻的铣削领域的技能大师。

人称"加工宝典秘籍"

长期的钻研，使唐银波在遇到问题和困难的时候，总是不愿意轻易放弃，而是要挖空心思地去找到解决办法。这样的办法积累多了，创新的点子就有了。在以他的名字命名的"唐银波技能大师工作室"里，墙上挂着"创新、创效、传承、传艺"的标牌，这八个字可以说是对唐银波工作最准确的评价。

2008年，唐银波所在班组承接了某航天研究院太阳能单双极板的加工任务。这些太阳能板的材料是超薄的钛板，加工的时候极易变形，而加工的要求又非常"苛刻"，要在直径180毫米，厚度分别为2毫米、1.5毫米、1.2毫米三种规格的超薄钛板上，单面或双面加工出深0.5毫米、间隔宽度2毫米的纵横交错共80条等距槽。在唐银波接下这个任务前，国内已经有多家企业拒绝了这个几乎无法完成的任务。

但唐银波想到了一个好点子：既然无法直接在钛金材料上操作，那就先在另外一种材料上把80条等距槽刻出来，再"印"到钛金材料上去。就这样，唐银波发明了薄板工件真空夹具，用这种办法加工出来的槽深误差不超过0.1毫米，几乎就像头发丝一样细！他交出了漂亮的活儿。

这三种规格的太阳能板材料在法国进行的失重飞机飞行试验中大获成功，现在已正式应用于航天、航空、核潜艇医用制氧领域。

唐银波和同事正在解决生产中出现的问题（图片来源：搜狐网）

这个项目 2009 年还获得中国兵器工业集团公司创新型 QC 成果一等奖，发明的薄板工件真空夹具获国家实用新型专利，使公司成为国内首家通过工业加工满足该产品质量要求的生产单位，为企业创收了 1200 万元。

唐银波的所有发明创造都来自实际工作中的需要，这些年来，他发明的技术方法就有 20 多种，包括"超薄板抗变形加工技术""近圆加工法""数控铣床加工能力拓展加工法"等等，他也被人们称为"加工宝典秘籍"。每年参与多项"急难险重"的攻关项目，他都凭借精湛的操作技能圆满完成研制任务，其中部分项目已经量产，被誉为"技术攻关一把刀"。

2020 年新冠肺炎疫情期间，江麓机电集团也接到了上级下达的紧急任务，要研制生产 5 台口罩机，用于加工防护用品。集团以前从来没有涉足过这个领域，没有图纸不说，也没有现成的工艺和可以参考的技术。唐银波和工作室团队成员只能从头摸索起来。他们从画图纸、设计方案，到做出零件模板，再到生产加工，只花了 7 天时间，5 台口罩机就交付使用。最让人惊讶的是，在这么短的时间里，绝大部分零件还不是用现成的，而是由江麓机电集团自制，唐银波工作室就负责加工生产了 1200 多个零件！

关键时刻，唐银波总是那个能啃硬骨头的人，正是凭着这股劲儿，他从一个学徒铣工成长为中国兵器首席技师、全国技术能手、享受国务院特殊津贴的专家，在事业上孕育出坚实的成果。

自唐银波国家级技能大师工作室成立以来，在唐银波的传帮带下，工作室现有的 10 名成员中，就有 2 名全国劳动模范和 3 名公司级劳模。至 2019 年，工作室完成了 20 多项工艺攻关和技能创新，提出有效合理化建议 52 条，为公司节约成本 110 多万元。唐银波常说："一个人能力再强也攻不下几座山头，一个创新型企业必须有一大批高技能的复合人才。"这就是一个时代劳模的榜样作用。

工作中的唐银波（图片来源：新湘评论）

2000 年，唐银波的父亲在电视上看到国家领导人接见全国劳模的场景，令他羡慕不已：要是我们家谁能获得全国劳模，该多幸福啊！10 年后，唐银波实现了父亲的愿望。2010 年 4 月，他在人民大会堂举起了全国劳动模范的奖杯。

劳动精神

一个连高中都没上过的工人，是如何成长为一个行业领域里的技能大师？秘密其实很简单，就是好学、勤奋加创新。好学是他的眼睛，勤奋是他的双手，创新是他的头脑。

资料来源：《人才就业社保信息报》、红网、《新湘评论》

叁 / 坚守·担当

用坚守和担当擦亮的微光，正照向未来。

陈纪言：
医者大爱仁心

> **❝**一个小的领域深入下去就可以成为这个领域的专家。深入是关键。浮在表面的话，成绩会很有限，深入下去就会有比较大的成绩。**❞**

作为广东省人民医院心血管病研究所心内科主任，陈纪言是冠状动脉慢性完全闭塞病变（CTO）治疗领域内著名的技术权威；他多年深入基层调研，建立起首个覆盖800万人口的急性心梗救治地图，被称为"广东模式"；他多次前往新疆、西藏等地和印尼、巴基斯坦等国家，为这些医院进行技术"输血"。他把先进的技术传播开来，只为救更多的人。

心脏被称为人体血液流动的动力站，它就像一个压力泵，血液通过肌肉收缩而泵至全身，一旦心脏出现问题，后果就非常严重。中国疾病预防控制中心 2019 年发表的近三十年中国心血管疾病负担报告显示，1990—2016 年，我国所有类型的心血管疾病是以 65% 的增幅呈快速上升趋势；而 2016 年，我国心血管疾病总患者有 9380.8 万人次，因心血管疾病死亡人数高达 397.5 万，是我国居民的首要死因。

这些数据摆在一起，充分说明了一个问题：心脏病是现代社会威胁人类生命健康的"第一杀手"。心脏病科医生，就是使人们摆脱这些"第一杀手"围追的护卫者们。

"他可以救人"

陈纪言出生在一个医学世家，他的父亲陈普照也是著名的心血管病专家。成年后回忆起自己的父亲时，陈纪言说，小时候他认为父亲很酷，"他可以救人"，在小小的陈纪言心目中，能救人的父亲就是他崇拜的"英雄"。追随父亲的脚步，陈纪言也踏上了从医的道路。

关于两父子，有一段佳话一直被提起。

故事要回到 1973 年。一天，中山医科大学附属第一医院（现中山大学附属第一医院）来了一位急症病人，他被送到医院的时候心脏几度停跳。病人是名初中生，经检查病因是病毒性心肌炎导致三度房室传导阻滞，病情非常凶险。心内科医生陈普照等十几名医护人员马上组成医疗组，对病人实施紧急抢救。经过七天七夜，病人终于摆脱了死亡的纠缠。根据病情，他需要安装心脏起搏器。

那个年代，我国的心脏起搏器还处在第一代水平，需要安装在体外，使用时病人要躺在床上，刺激心脏的导线通过导管送到心脏部位，病人痛苦不说，插导管的时间也不能太长。但因为病人的病情一直反复，所以不得不插了 100 天时间，到他出院的时候，导管已经和血管黏膜粘在一起了。陈普照又紧急联系外科医生会诊，终于小心地把导管摘掉了。

陈纪言当时只有 10 岁，他还记得当年父亲抢救这个小病人的情景："因为他经常晚上不回来，回家后又匆匆忙忙回去抢救。"

仅仅过了两年，该病人就再次因为突然晕厥而入院，厄运又一次降临。这次治疗仍然需要佩戴心脏起搏器，但和上一次相比，虽然都是体外安装，但可以随身携带，不需要一直躺在床上。病人的痛苦减轻了，再次对生活充满了希望。因为总是去找陈普照看病，他也渐渐地和陈普照一家熟悉起来。

时间过去十几年，肖向阳的心脏一直没再出什么大问题。但仍然是一颗定时炸弹。1992 年，他的心脏又一次停跳，又是陈普照救了他一命。病情稳定后，他又一次装上了心脏起搏器，新一代技术的心脏起搏器可以植入体内，对生活几乎没有影响。2000 年后，起搏器的电池快要用完了，他又更换了第四个起搏器。

2007 年，84 岁高龄的陈普照教授去世，这时的陈纪言也早就接过了父亲的衣钵，成了这个病人的"心脏顾问"，两代人共同守护一个病人的心脏，成就了一段佳话。

敬畏生命、救死扶伤的医者精神，也在父子之间传递下来。

"让病者获益"

1984 年，陈纪言从暨南大学医学院毕业后，被分配到广东省人民医院心血管病研究所（以下简称"心研所"）工作。当时带他的导师是心内科主任黄震东，他有幸在黄教授的指导下打下了扎实的临床基础；接着，他又师从心脏介入专业的开拓者之一陈传荣主任，为他今后从事冠心病介入治疗埋下了种子。

心研所最引人注目的建筑，是位于广州市越秀区东川路上的一栋红墙高楼，这座建筑是 20 世纪 80 年代由霍英东先生捐资 2000 万港币兴建的，1989 年建成，人们都叫它"英东楼"，直到今天，

陈纪言在曼谷讲学（图片来源：搜狐网）

这里仍是全省乃至全国最有名的心脏病治疗和研究中心，有两个国家临床重点专科——心血管内科和心脏大血管外科。刚参加工作几年的陈纪言赶上了好机会。1993年，他远赴澳大利亚墨尔本Epworth医院进修冠脉介入技术一年，回国后便投入相关科研攻关和实践中。

心脏病学科分支很多，无论选择哪一个分支去钻研都要靠智慧和毅力。陈纪言曾经说过一句话："一个小的领域深入下去就可以成为这个领域的专家。深入是关键。浮在表面的话，成绩会很有限，深入下去就会有比较大的成绩。"

在陈纪言看来，要想成为一个领域最顶尖的人才，最重要的是与时俱进。二十世纪七八十年代，对人身体危害最大的是风湿性心脏病（简称"风心病"），那时的手术和科研都集中在这上面，陈纪言所在的心内科室也在国内率先开展了经皮球囊二尖瓣成形术、肺动脉瓣成形术及主动脉瓣成形术，这些技术都获得了国家科技进步奖；到了20世纪90年代，冠心病超过了风心病成为第一大"杀手"，陈纪言也敏锐地抓住了这个变化，把自己的重点放在了对冠状动脉慢性完全闭塞病变（简称"CTO"）的钻研上，与此同时，广东省人民医院的研究重点也转到冠心病上来，心内科室成立了冠心病实验室，进行临床研究和基础研究，学习冠心病治疗技术，在此基础上发展冠心病学科。

慢慢地，陈纪言在CTO治疗领域闯出了自己的一片天地，成为这一分支领域著名的技术权威。仅举一例说明：2016年，由于在CTO病变介入治疗上的精湛技术，陈纪言主刀进行了一例高难度CTO病变手术，并且受邀在亚洲—太平洋CTO俱乐部大会进行实况转播——要知道，日本的CTO技术是全世界最先进的，这也是日本CTO俱乐部历史上第一次接受境外医院转播演示手术——手术的成功，引发了国内外专家学者的高度关注和赞叹。

医生是一个对基础理论和临床要求都相当高的职业，陈纪言在这两方面都从未放松学习。他一直在深入地思考两者之间的关系，他认为，医学既不能只搞基础研究，也不能专搞临床，应该结合起来，多做临床研究。在他的带领下，团队搞临床研究逐渐找到了感觉，"今天做的工作就是明天的基础，明天的工作就是将来的基础"，持之以恒，就像滚雪球一样，陈纪言和他的团队成为这个领域里的佼佼者甚至国际知名专家。他还说："临床研究的目的不是单纯为了发论文或得到奖励。通过研究疾病的规律，了解治疗的效率，最后转化为病人的获益。"从这些话语中，我们可以触碰到陈纪言这名医者的宽广胸怀：淡泊名利，甘于奉献。

"救更多的人"

众所周知，心血管疾病虽然凶险，但比治疗更重要的是科学地预防。陈纪言在这方面也体现出一个医者的大爱仁心。

所有心血管疾病中，急性心肌梗死又是最凶险的，一旦发病，时间就意味着生命。这些年来，为了降低心梗的致死致残率，陈纪言深入基层调研，掌握了大量数据，建立起了首个覆盖800万人口的急性心梗救治地图，被称为"广东模式"；在对口支援的广西崇左市人民医院时，他也积极推动建设崇左市7个县区乡镇医院、覆盖200万人口的崇左急性心梗救治网络，把"广东模式"的救治经验推广到全国各地。

他带头在东莞等地开展高血压、糖尿病等心血管危险因素的防治研究，建立了心血管基础数据库平台，为南方心血管防治提供了宝贵的临床数据；在社区预防方面，他推进了高血压及代谢性疾病信息管理平台及网络建设，开发社区大数据平台，推进远程医疗技

认真工作的陈纪言（图片来源：搜狐网）

术在社区高血压及代谢性疾病防治中的应用，形成"防、治、研"三位一体的社区高血压及代谢性疾病综合防治体系……在他主持下的冠心病一级预防创新模式项目，获得世界卫生组织（WHO）的推介和广东省卫健委推广。

这样的例子不胜枚举。陈纪言常常说，"个人的力量是有限的，只有把先进技术传播开来，才能挽救更多的人"，体现了一名医者甘为人梯的风范。至今，他已培养博士研究生 5 名、硕士研究生 20 名，还有更多的实习生和进修生。自国家 2013 年发出共建"一带一路"的倡议后，陈纪言也多次前往新疆、西藏等地，不仅为当地患者诊治做手术，还积极培训当地医生，对支援医院进行技术"输血"。他还远赴印尼、巴基斯坦、吉尔吉斯斯坦等国家，为这些国家培养了多位专业的医生，显著提高了当地的心脏病诊疗水平。

2020 年 1 月 9 日，在第五届《医师报》医学家峰会上，陈纪言被评选为"十大医学贡献专家"，这是对他从医多年最直接的褒奖，他坚守所热爱的医学事业，担当了一名医生的责任，贡献出自己的一切。

劳动精神

　　父亲传给他敬畏生命、救死扶伤的医者精神，"让病人获益"是他多年临床研究和实践所追求的最终目标。淡泊名利、无私奉献、甘为人梯，他始终担当和坚守着一名医者的根本。

资料来源：《南方杂志》、搜狐网

钟扬:
科学研究本身就是对
人类的挑战

"不是杰出者才做梦,而是善梦者才杰出。"

在他身上有很多标签——大学教授、植物学家、科普达人、援藏干部、教育专家——无论哪一个身份,都是一种完整的人生体验,钟扬用自己有限的生命,体验了生命最广阔的边界。

2020 年 4 月 23 日，一年一度的"世界读书日"，一本名为《大流感：最致命瘟疫的史诗》特别纪念版在网络"云首发"。此时正值新冠肺炎疫情席卷全球之际，凶猛的疫情让人类再一次反思过往的教训。这本书就讲述了 1918 年导致 5000 万至 1 亿人死亡的"西班牙流感"（疫情并非发生在西班牙，只是因为当时只有西班牙媒体报道这件事而被称为"西班牙流感"）。此时重读会发现，100 年前的那场瘟疫，竟然与新冠肺炎疫情如此相似，就像是历史的轮回。

这本书的主要译者，就是本文的主人公——复旦大学生命科学学院教授钟扬。2004 年，时任复旦大学生命科学学院院长的金力从美国回上海，在机场买了这本书的英文版，在飞机上一路读完了，越读越觉得这本书很有价值，回到家就把它推荐给了当时任该院副院长的钟扬，请他主持把这本书翻译出来。差不多花了四年时间，这本书才译完出版。

目标：西藏

钟扬的妻子张晓艳说，她至今都在想，钟扬当初为什么会选择去做这样一个职业。

"其实人生就是一个选择题，你最后能成为什么样的人，可能真的不仅仅在于我们的能力，而是取决于选择。钟扬的选择跟很多人不一样，他其实完全可以选择一条轻松的路。"张晓艳说。

张晓艳所说的"轻松的路"，是指他本可以在自己所学的专业上一路顺顺利利地走下去，荣誉、职称、成果一样都不缺，最终成为别人眼里的成功者。

但钟扬显然没有选择这条轻松的路。在他身上有很多标签——

植物学家、科普达人、援藏干部、教育专家——无论哪一个身份，都是一种完整的人生体验，钟扬用自己有限的生命，体验了生命最广阔的边界。

钟扬是个天才少年，15岁就考上了中国科技大学少年班，学的是无线电专业。没想到1984年毕业时，他竟被分配到了中国科学院武汉植物所，专业不对口。这时候，所里为了留住这个"神童"，便想出了一个办法，派和他一同分来的江苏姑娘张晓艳帮他熟悉业务。于是，本来就是生物学高才生的张晓艳成了钟扬的第一个植物学老师。他花了两年时间到武汉大学（以下简称"武大"）旁听生物系课程，武大生物系可是全国赫赫有名的院系，钟扬"偷师"不少，他在植物所里的工作也开始风生水起，33岁的时候就当上了副所长。这期间，他和张晓艳的爱情也瓜熟蒂落了。

事业之路一路平坦，刚刚结婚没几年，本来应该安稳下来。可是好折腾的钟扬这时候又做出一个让人意外的选择：放弃副所长的职位，到复旦大学生命科学院去当一名没有职务的教师。

热爱牵着钟扬的手，让他不断地向自己喜欢的事情靠近。到复旦大学的第二年，钟扬又主动申请到西藏去。去西藏做什么？去采集种子。青藏高原被称为植物学家的"无人区"——由于高寒缺氧，很少人会涉足；但这里又是植物物种的"天堂"——青藏高原的植物种类占了我国植物物种的1/3，却一直缺少记载。钟扬要做的，就是为国家盘点这些青藏高原上的植物"家底"，他就这样往来于上海和西藏之间。2009年，钟扬正式成为一名援藏干部，在西藏展开科研和教学，在十几年里，他就收集了上千种植物的4000万颗种子，占了西藏特有植物的1/5。

钟扬的博士生、西藏大学理学院教授拉琼说："每次和钟老师采种子，都是惊险和惊喜并存。"一次，钟扬带着拉琼和他另外一名学生扎西次仁——钟扬在西藏的首个植物学博士生——从海拔

钟扬在野外考察（图片来源：上观新闻）

5200米的珠峰大本营出发去采集高山雪莲，途中钟扬出现了严重的高原反应，头痛、呼吸急促、全身无力，大家建议他留在营地休息，可钟扬不答应，他说："你们能爬，我也能。我比你们了解植物的情况，你们没我更难找。"最后，他们在珠峰北坡海拔6000米的地方，找到了鼠麯（qū）雪兔子——它躲在一处冰川退化后裸露出的岩石缝里，仅有4厘米高，浑身长满了白色的细绒毛，开着紫色的小花——这被认为是世界上生长在海拔最高处的被子植物，就这样被钟扬他们找到了！

　　长期面对艰苦的环境，一个人的精气神儿最重要，钟扬虽然饱受痛风之苦，但他乐观、有信念，苦事也能变成乐事。当他谈起自己的身体，就像在说别人一样："高原反应差不多有17种，头晕、恶心、腹泻是家常便饭。可不能因为高原反应，我们就怕了吧。科学研究本身就是对人类的挑战。"这样的话往往会让人产生醍醐灌顶的感觉，跟他一起做事儿，虽苦也能坚持。这就是一位榜样的精神力量。

梦 想 扎 根

作为一名科学家，钟扬有一种情怀，他想改变西方在植物学研究中的话语权，他想凭自己和几代人的努力，为国家建立一座植物基因库，他的梦想是在生物多样性不断遭到破坏的当下，为人类建一艘种子的"诺亚方舟"。

钟扬知道，要想实现这个梦想，单靠他一个人的力量是达不到的。于是从来到西藏开始，他就立志要在当地培养出一批人才，"不拿到博士学位授予权，我就不离开西藏大学！"就这样，经过16年的不懈努力，钟扬帮助西藏大学实现了很多项突破：设立第一个理学博士点、培养藏族第一个植物学博士、申请到西藏第一个国家自然科学基金……将西藏大学的多样性研究成功推向了世界。2017年，西藏建立了自己的种质资源库，负责人正是钟扬的学生扎西次仁。

情怀是一种看不见、摸不着的东西，但当它存在于一个人的身上时，会使他超越世俗的眼光，不为名利所羁绊。2015年5月2日，钟扬在生日当晚突发脑溢血，被送进ICU抢救。醒过来后，钟扬偷偷地给他的一个学生打了个电话，让她带着电脑到医院来。当不明就里的学生来到病房，看到浑身插满仪器和管子的钟扬时，这才明白老师要干什么。原来，钟扬想给组织写一封信。这个学生含着泪水，努力地分辨着老师微弱的声音，一字一字地在电脑上打下：

"西藏是我国重要的国家安全和生态安全屏障，怎样才能建立一个长效机制来筑建屏障？关键还是要靠队伍。为此，我建议开展'天路计划'，让更多有才华、有志向的科学工作者，为建设社会主义新西藏而奋斗……就我个人而言，我将矢志不渝地把余生献给西藏建设事业。"

钟扬（右二）与西藏大学师生在西藏采集种子，途中在户外吃午饭（图片来源：新华网）

这再普通不过的话语，对于钟扬来说，却是字字千钧。当时他是复旦大学研究生院的院长，本可以轻轻松松地享受各种荣誉，可他偏偏要亲自到高原上去采集种子；可以坐在办公室里写论文，可他偏偏要把论文写在大地上。即使病痛已经拖垮了身体仍然矢志不渝，他正是在用行动实践自己的承诺。出院后不到半年，他又再次进藏。他戒得了酒，但戒不了西藏。

当情怀存在于一个人的身上时，更会使他浑身都散发出一种光芒，吸引着周围的人都向他靠拢。钟扬曾经自豪地说："我的 5 个西藏博士生，有 4 个毕业后扎根西藏。"他说过的很多话，都被他的学生们记着。在这些藏族学生的眼里，钟扬就像是生在青藏高原上的藏波罗花，这种花生长在海拔 4000~5000 米的沙石地，耐寒、耐贫瘠，却深深扎根，顽强绽放。而他则把自己比作裸子植物，在艰苦的环境下生长，却有着无比韧性。他还给两个双胞胎儿子取名云杉和云实，这也是裸子植物和被子植物的名字。

2017 年 9 月 25 日凌晨 5 时左右，钟扬的生命定格在了这一刻。

他在内蒙古鄂尔多斯市出差时遭遇车祸。当时，他正准备去给当地干部讲课。他就像一粒种子，把自己永远地留在了坚守的梦想之路上。而他生前所说的那段话，也早已种到了无数人的心里——

　　"任何生命都有结束的一天，但我毫不畏惧，因为我的学生会将科学探索之路延续，而我们采集的种子，也许会在几百年后的某一天生根发芽，到那时，不知会完成多少人的梦想。"

劳动精神

　　他就像一粒种子，把自己永远地留在了坚守的梦想之路上。这个梦想，就是为国家建立一座植物基因库。也许在许多年后的某一天，这粒种子会生根、发芽、壮大，到那时，人类将为自己建成一艘种子的"诺亚方舟"。

资料来源：澎湃新闻、《人民日报》、共产党员网

于广平：
"中国智造" 追梦人

❝ 科研成果不能永远停留在实验室里。❞

　　于广平一直有个梦想，就是要让科研成果走出实验室，通过科技成果转移转化，引领和带动行业与企业发展。为了这个梦想他南下广州南沙，为企业实现了整个印染过程的自动化、信息化和智能化，打通了"研发—应用—产业化"的创新链。10余年坚守奋斗，梦想终于实现。

人类历史上迄今为止经历了四次工业革命，每一次都以科学技术的进步为发端。20世纪后期，智能化成为第四次科技革命的关键词，引发了新一轮产业变革。而中国在这一次变革中也不甘世界强国之后，2015年印发的《中国制造2025》，提出"智造强国"战略，把智能制造作为第一个十年行动纲领的主攻方向正式确立。

而本文的主人公，就被称为"中国智造"的追梦人。

"最强大脑" 来到 "三无" 单位

2011年，博士毕业两年的于广平从沈阳南下，一路来到了广州的最南端——南沙，参与沈阳自动化研究所广州分所（以下简称"广州沈自所分所"）的筹建。那时的南沙，也像一个亟待被开发的宝藏，正热切地等着来发现它的追梦人。

1993年5月12日，国务院批准设立广州南沙经济开发区；2005年4月28日，国务院同意设立广州市南沙区；2011年3月16日，"十二五"规划纲要进一步明确要求，将南沙新区打造成"服务内地、连接港澳的商业服务中心、科技创新中心和教育培训基地，建设临港产业配套服务合作区"。现在的南沙已成为创业者的又一片热土。

但彼时的南沙还是荒地一片。于广平刚来的时候，住在南沙资讯科技园附近，地处偏远，方圆几千米没有一座大型超市，生活极其不方便。于广平清楚地记得他来报到的第一天晚上，"由于到的时间比较晚，周围没有购买基本生活用品的超市，我在宿舍的第一天是没有拖鞋、毛巾和牙刷的"。到了周末，研究所附近连个吃饭的地方都没有，所里要专门派车送他们和家属去远处的菜市场买菜。

认真工作中的于广平（图片来源：凤凰网）

　　和广州沈自所分所同期成立的，还有广州中国科学院软件应用技术研究所、广州中国科学院先进技术研究所，加上更早之前的广州中国科学院工业技术研究院，并称为"一院三所"。生活硬件虽然匮乏，但这里聚集了一大帮中国"最强大脑"。

　　虽然有自己的办公场地，但广州沈自所分所还是一个名副其实的"三无"单位——没有级别、没有经费、没有编制，一切都要白手起家。

　　于广平早就做好了心理准备，他看中的，是南沙这块地方背靠的广阔的技术应用市场以及当地政府务实的工作作风，无疑，这里是科技成果落地转化的一片热土。

翻越一个个"死亡之谷"

　　科研成果就像是一块冰，如果总是把它捂在手里，这块"冰"

很快就会化，最后什么也不会剩下。《第四次全国科技工作者状况调查报告》揭示了目前我国科研应用方面的一个尴尬的现状：尽管我国人均专利数量有所上升，但科技工作者仍普遍认为成果与市场脱节情况比较突出。

"科技成果的产业转化过程，被业界称为'死亡之谷'。跨越不了这个'死亡之谷'，创新对国民经济的直接贡献率就等于零。"于广平说。但他决心要翻越这个"死亡之谷"。"科研成果不能永远停留在实验室里。新型研发机构的核心就是面向市场，这也跟我自身的想法比较契合。从研发、市场磨合到产业化应用，技术成果的顺利转化并非易事，南沙给了我们一个难得的机会。"

纺织印染行业一直是我国的污染大户，企业用于污染处理的费用也很高。2012 年，在当地政府的引荐下，于广平来到广东省大型纺织印染企业——广州互太（番禺）纺织印染有限公司（以下简称"互太印染"）调研。依托之前在工业废水处理自动化技术方面的积累，于广平和他的团队经过几个月的深入调研后，提出了一个优化现有处理技术的方案：把废水处理投加的药剂由液碱换成生石灰。这个看似简单的配方的优化，就为互太印染每年节省污水处理成本近千万元。于广平用自己的专业知识和勤奋严谨的工作态度，很快取得了企业的信任。其后，他们又设计出一套废水在线监测优化运行系统，覆盖了从供水、用水、废水处理到回用的整个环节，经此系统处理完的水竟然可以直接用来养鱼。

从 2013 年起，广州沈自所分所和互太印染开展了全面的长期合作，于广平团队为企业设计了年产 8 万吨的纺织印染自动化生产线，实现了整个印染过程的自动化、信息化和智能化，一次性印染成功率提升了 90% 以上，在整个行业中遥遥领先。企业订单持续稳升，企业人数则从原来的 7000 多人减少到 4000 人左右。

书生终有用武之地。"从 2013 年到现在，我们和互太印染已经开展了长达六年的合作，合作项目额度累计超过了 1 亿元。"这是一次成功的科技转换，打通了"研发—应用—产业化"的创新链，取得了经济效益和社会效益，是于广平最得意的作品之一："经过近 10 年的坚守奋斗，我的梦想终于实现了！"每当说起这个项目，于广平就特别激动，一个科技工作者的赤诚之心尽显无遗。

2018 年，于广平在第三届中国制水大工匠的评选中，被评为"中国制水大工匠"，这也是对他多年来深耕水污染治理的最大褒奖。

于广平和南沙，仿佛一个人在对的地方遇到了另一个对的人。于广平在南沙安了家，南沙则助他实现了自己的梦想。现在，于广平及其团队致力于智能制造和绿色制造技术的研发、应用和产业化，

于广平获"全国五一劳动奖章"（图片来源：大洋网）

其科研成果已在数十家企业获得应用，并出口到越南等"一带一路"沿线国家，带动企业研发投入超 5 亿元，企业新增经济效益超 10 亿元，极大地推动了纺织印染等传统制造行业的高质量发展。同时，他也见证了南沙迈向国家级新区、自贸试验区的每一个重大节点，亲历了南沙科创力量的积累和开拓：截至 2020 年 2 月，南沙已汇集 180 多家人工智能企业，2019 年总营业收入超过 24 亿元，产业正在向成熟期迈进。越来越多像于广平这样的科技人才在南沙安家，寻找属于他们的机遇，谱写关于南沙的故事。

劳动精神

科技成果的产业转化被科研人员称为"死亡之谷"，于广平却决心要跨越它。当中国提出"智能强国"的国家战略，他担当起了一个科研人员的责任并最终成就梦想。

资料来源：凤凰网、大洋网、搜狐网

葛海军：
造纸机的灵魂

> 造纸工是造纸机的灵魂，需要有奉献精神。

造纸工葛海军有一手"绝活儿"：刚刚生产出的纸样，只要让他摸一摸，就能判断出这张纸是否合格，和仪器检测的结果几乎一模一样。纸样送到仪器检测，整个过程需要 20 分钟；而葛海军只需要目测 1 分钟，节约下来的 19 分钟可以多生产 28.5 吨纸……他就是凭着一个个这样过硬的技术，成长为"华泰匠心"的代言人。

山东自古造纸业就很发达，东汉末年东莱（今天的莱州市）就出过造纸能手左伯。中华人民共和国成立后，不少赫赫有名的特种纸都出自这里：新版人民币部分用纸、被周恩来亲自选定的《人民画报》专用纸、我国成功试射的第一枚洲际导弹所用的电子计算机纸、《新华字典》《现代汉语词典》所用的字典纸……这些特种纸让山东造纸总厂名声远播。

至今山东仍是我国造纸业的重要生产基地，全国十大造纸企业中山东就占了好几个，本文主人公所在的华泰集团，就是全国最大的新闻纸生产企业，2008年就占了国内新闻纸市场的三分之一份额，同时它也是全球单厂最大的新闻纸生产基地。

葛海军19岁加入华泰集团，华泰集团悠久雄厚的背景为他提供了一个广阔的发展空间。

磨练技艺，持续创新与钻研

现代造纸工艺主要由两个环节组成：制浆和造纸。制浆是第一步，方法主要有机械制浆法、化学制浆法和半化学制浆法。现在大型造纸厂的造纸原料，基本是已经加工好的木浆和回收废纸；造纸是第二步，也叫抄纸，是将调制好的纸浆均匀地交织和脱水，再经过干燥、压光、卷纸、裁切、包装等过程，最终生产出一张完美的纸。

1999年，19岁的葛海军来到华泰集团后，进入七车间抄纸工段工作，这个车间主要生产双胶纸。制浆造纸枯燥无聊，但他能从这单调的工作里找到乐趣。在兴趣指引下，葛海军好钻研，爱提问，有什么不懂的就马上向老师傅请教，还主动替休班的师傅替班。三年后，他就基本上掌握了打浆、流送、压榨等工序的操作技能。

要在一个岗位上有所成就，首先就要肯钻研。那个时候，厂里的设备还不够先进，一旦造纸机出了故障，就需要把机器拆开来找毛病，葛海军就是在这个过程中逐渐熟悉了造纸机的构造，轴承、螺栓的位置，他都一清二楚。

尽管有突出的业务水平，勤奋好学的葛海军，从未停止学习的脚步，他不仅自学了《造纸工艺与技术》《纸张颜料涂布与表面施胶》等专业书籍，还定期组织分享会，分享自己的宝贵经验，带动同事一起学习，慢慢地，他所在的集体技术高、素质高，而且团结友爱。2003年，葛海军被公司选拔前往芬兰美卓和德国福伊特学习造纸工艺设备维护、制浆工艺流程及其设备维修维护，他总共做了满满11本的笔记，这些笔记为后来公司重大项目安装及设备维修，提供了

葛海军在造纸生产车间（图片来源：海报新闻）

翔实的依据。

葛海军有一手"绝活儿"，至今为人们津津乐道：刚刚生产出的纸样，只要让葛海军摸一摸、看一看，他就能判断出这个纸样是否合格：克重是否偏高，色相是否有偏差，平滑度有没有差异……而且和仪器检测的结果几乎一模一样。如果纸样用仪器检测，整个过程需要 20 分钟，而一名经验丰富的质检员只需要目测 1 分钟。一台大型造纸机每分钟产纸约为 1.5 吨，节约下来的 19 分钟可以多生产 28.5 吨纸，可以说，每一分每一秒都是钱。这个"绝活儿"可是关系到生产时间和成本，直接影响企业的经济效益。

2015 年，葛海军也是凭着这个技术在山东东营市职工技术比赛中取得了第一名。

磨就"纸业匠心"，攻坚克难

想在一个领域成为领军人物，除了刻苦钻研技术，还要擅于总结规律，主动发现问题、解决问题。

长期在一线车间工作，葛海军知道如果想要提高产能，对设备进行改造是个不错的办法，这样不仅投资少见效快，也提高了设备的技术先进性和生产适用性。多年来，他先后参与了 6 个重点造纸项目的设备改造。

公司的铜版纸 8 号机原先设计生产定量为 120 克，后来市场上有 126 克、140 克、180 克等高定量纸种的需求，他们也用 8 号机生产。可是，因为超出了纸机的设计能力，在使用过程中，有 4 条真空辊（造纸机构件）经常因为真空度波动造成提吸移辊，在提升、下落吸移辊过程中，非常容易损伤价值昂贵的织物，而且更换织物

葛海军和同事在沟通工作（图片来源：搜狐网）

耽误的时间也较长，大大增加了生产成本。

葛海军开始琢磨怎么改造机器。只要8号机开工生产这些"定制"的纸种时，他要么就在现场，要么就往控制室跑，一边观察，一边看数据曲线，功夫不负有心人，办法终于给他找到了。他建议对真空辊管路进行改造，通过加装破坏真空的阀门，提高真空辊真空度设定值，使真空控制阀开度大幅度增加，以此来保持稳定的真空输出，从而避免了提吸移辊的问题。

《习近平总书记系列重要讲话读本》一书的专用纸，也是出自葛海军之手。说起这种专用纸，也有一段故事。

2013年，读本专用纸试生产期间，因为原纸横向裂纹造成的断纸非常多，严重影响了车间的生产效率。为保质保量完成纸张供应任务，葛海军所在的造纸车间不得已紧急停期，请求国外专家的支援。一边是国外专家长达一周的分析周期，一边是迫在眉睫的生产任务，时间等不起，于是葛海军主动请缨，组建攻关小组，力争在最短时间内利用自己的力量攻克技术难题。经过仔细观察和大量数据分析，葛海军带领团队仅用了三天时间，便找到了问题症结。原来，造纸机在生产这种专用纸时，流浆箱喷射出来的浆料浓度小，脱水速度快，受到夹网区加载刮刀加载力的剪切作用，导致纤维移位，干燥后纸页会收缩，因此形成横向裂纹。攻关组随即改进了生产工艺，降低了浆料的打浆度，减缓成型初期脱水，从而可以避免因为裂纹造成的"纸病"。随着技术的不断革新，横向裂纹不断减少，断纸次数和纸病数量大幅度降低，提高了再卷效率，每年为公司增加产量 8000 吨左右，增加效益 350 多万元。

这样的事例不胜枚举：2013 年，他成功改造 70 万吨纸机干部引纸系统，将引纸时间从原来的 15 分钟缩短到 7 分钟；2015 年，他优化设计新的毛布类型，解决了纸页飘边和掉边造成的断纸困扰，月产量提高了近 6000 吨；2016 年，他在铜版纸生产中采用浆内增强新技术，添加增强剂，提高纸页强度，提高纸页灰分近 2%，平均每吨纸张降低成本约 50 元。

20 年坚守生产一线，爱岗敬业

30 多岁的葛海军一开口就带着一股明显的山东口音，说的话也透露出一个技术人员的踏实和真诚："我从 1999 年入厂到现在，已经有 20 年的工作经验了。造纸工是造纸机的灵魂，需要有奉献精神。"

多年来他早出晚归，哪里有了故障和问题，不用说，葛海军总是那个能解决的人。2015 年 10 月 5 日凌晨，公司的多级透平机电机在运转时突然出现故障，无法输出动力，造成了纸机停机。葛海军接到通知后立即从家里赶回公司，那时已经是凌晨 4 点了。这台透平机是从芬兰美卓原装进口的设备，备件仓库里没有备件可供更换，只能进行维修。于是，葛海军麻利地制订、确认了维修方案，又和其他技术人员一起连续抢修了 52 小时，最终排除了设备故障，机器又重新正常运行。2016 年 3 月，葛海军生病住院，刚刚做完手术 4 天，他在病床上得知车间的设备发生故障，不顾家人和医生的反对，脱下病服就回到车间，连续工作了 28 小时，才把设备修好。后来他被同事们称为"铁人"。

正是凭着这股钻研、担当和奉献的精神，葛海军在一个岗位上实现了自我的最大价值，也实现了最大的社会价值。多年来，葛海军先后获"山东省劳动模范""山东省技术能手"等称号，2019 年，他获全国总工会颁发的"全国五一劳动奖章"，成长为"华泰匠心"的代言人。他说："对于未来，我将一如既往，牢记老一辈华泰人敬业拼搏的不服输精神，爱岗敬业，加倍努力，传承'华泰匠心'，做新时代的造纸人。"

劳动精神

正是凭着一股钻研、担当和奉献的精神，葛海军在一个岗位上实现了自我的最大价值，也实现了最大的社会价值。

资料来源：《大众日报》、中华纸业传媒、《齐鲁工匠》

张阔海：
祖国北疆"守护神"

❝ 我的人生价值不是我参与过多少次森林救火，而是保护森林扑火队员的生命安全，他们在救火时可以流汗，但是我不想看到他们流血流泪。❞

自 1999 年担任阿尔山林业局防火办主任以来，张阔海用双脚踏遍了阿尔山每个林区的角角落落，创新多项防扑火技术，使阿尔山林区实现连续 15 年无重大人为森林火灾。因为在他心里，防火是天大的事。

阿尔山，位于大兴安岭西南，被呼伦贝尔草原、锡林郭勒草原、蒙古草原和科尔沁草原环抱其中。这里的森林覆盖率达到80%以上，植被覆盖率达到95%以上，旅游爱好者把它称为中国的阿尔卑斯山。

自1839年起，过度开发几乎耗尽了大兴安岭原始森林资源，如今的大兴安岭广泛分布的是人工林和次生林。直到2015年4月1日，国家宣布全面停止商业性采伐，这才结束了大兴安岭长达一百多年的采伐历史。

而当年的伐木工人，在停斧挂锯后，成为新的植树人和护林员。张阔海父子两代人，都在阿尔山林业局工作。

只需掐指一算，就能"决胜千里"

1960年，张阔海的父亲从山东滕州来到阿尔山林业局，成为一名务林人，支援林业建设。25年后，儿子张阔海继承了父亲的"事业"，成为一名护林人。

在绵延83千米、由4848.6平方千米森林组成的这片绿色国境边陲上，地形复杂、雷暴天气频繁，一名护林人最重要的职责就是防火。张阔海说："防火在我心中是天大的事。"

一个人如果把工作当成天大的事，表现出来就是投入、钻研。久而久之你会发现，这样的人好似有一种魔力，总有一些神奇的故事发生在他身上。

在张阔海的办公室里密密麻麻地贴着很多张地图，这些地图都是阿尔山每个林区的防火分布图。30多年来，张阔海用脚踏遍了地图上的角角落落，早就把这些地图刻在自己的脑子里。他自创了一套"双指定位法"——一遇到火场紧急情况，他能用两个手指当尺子，一手食指定位经度，另一手食指定位纬度，只用 5 秒就能在防火图上准确定位到火场位置。原来要靠标图员拿两根近一米长的板尺来标注定位，现在他只靠两根手指就办到了！

由于阿尔山地处蒙古下风口，一旦上风处起火，火势很容易突破国境线烧到我国境内。根据阿尔山林业局 1946 年建局以来的记录，这里曾发生十多次蒙古境内大火烧过来的事件，其中大火灾就有 8 次。

2003 年 5 月 21 日，蒙古大火蔓延到阿尔山，张阔海用"双指定位法"，给前来灭火的兴安盟森警支队定点定位，又快又准确，让在场所有指战员都十分震惊，他也赢得了"活地图"的美誉。

他还研究出一套"火速判断法"。通过多年观察火情，他能够根据风速计算出大火的燃烧速度。2006 年 5 月 13 日蒙古大火，当时大火距离阿尔山林业局边界 90 千米，刮 4 级西北风，张阔海根据风速再结合植被综合情况判断出，大火会在晚上零点左右烧到阿

张阔海在林中巡查（图片来源：央视网）

尔山林业局边界。林业局森林防火指挥部根据这一判断及时调整了布防时间，最终遏制了这场大火。

像这样的例子还有很多。不夸张地说，张阔海就像是这片森林里一个运筹帷幄的军师，只需掐指一算，就能"决胜千里"。

2012年4月20日，蒙古又发生火情，张阔海受命带领林业局防火办的60名专业队员，前往我国边境线上灭火。到现场后，他没有像以往那样采取以火攻火的灭火方法，而是下令"按兵不动"。兴安盟防火指挥部的领导来到现场时，看到这个场面，马上问张阔海为什么不采取行动，张阔海回答说，他在"等雨灭火"。

原来，张阔海到现场后发现，这次蒙古的火情属于雷击火，面积不大，并没有像以往那样全线压境，只是一个火头。如果采取以火攻火的办法，就会影响南面白狼、五岔沟林业区，北面也会影响阿尔山市防区，虽然能把火扑灭，但代价太大。

等雨灭火？可天气预报说，未来一周内都没有雨。要等到什么时候？张阔海却胸有成竹，他说，昨天晚上他看过天象，天上有云气，星星时隐时现，风向变成东南风，体感潮湿，明天局部地区肯定会下雨。果然不出所料，中午时大雨突降，连续下了两个小时，浇灭了所有火头！

这些年来，张阔海身上发生的这类神奇故事多得数不胜数，外人只看到神奇，对张阔海来说，背后却是他数十年如一日的坚守和担当。"干一行就要干好干精。"这是张阔海从父亲那里学来的。他有20本工作笔记，里面是他每一天的工作记录，从未间断过。他至今都记得父亲跟他说的话："生在林区，就要保护好森林，森林是我们的命。"

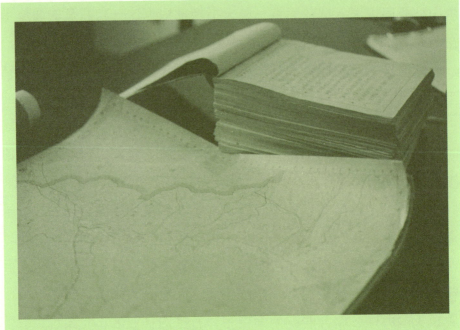

张阔海的地图和工作笔记（图片来源：央视网）

守护这片森林，就是在守护无数人的生命

在张阔海记忆里，和死神离得最近的一次，是1998年的"5·13"特大雷击森林火灾。要不是张阔海发现和处理及时，400多名扑火指战员的性命或许就会丢在这次火灾中。

火灾发生三天后，张阔海正和400多名扑火指战员驻扎在小东沟山上。当时人们并未发现，在离驻地山顶北侧两千米左右的地方，有一条火线正由北向南窜过来。过了一会儿，张阔海听到从南侧发出着火的声音，凭借多年的扑火经验，他立刻反应过来，这股火苗再过半小时就会和北侧的火形成热对流，发生大火，如果不马上撤离的话，后果将不堪设想。他马上向领导汇报，即刻下令扑火队员快速下山向东侧去避险。当大部分扑火队员撤到安全区域后，不到10分钟的时间，南北两股火线就把整座山全部吞没，火焰高度达到7~8米，有7名扑火队员因为没有来得及逃出，被南线火烧伤住院。火灾过后，山林悉数被毁，植被恢复长达数年。

这段往事让张阔海更深刻地认识到自己坚守岗位的价值，不仅仅是守护这片森林，更是对无数人生命的担当。"我的人生价值不是我参与过多少次森林救火，而是保护森林扑火队员的生命安全，他们在救火时可以流汗，但是我不想看到他们流血流泪。"张阔海说。

为了这份担当，就必须要压缩自己的生活和家庭。在张阔海的办公室进门右手边有一张单人床，宽度还不够1米，床上放着简单的被褥，一看就知道是临时睡觉的地方。值班的时候他每天只能眯上几个小时，到了春季防火最关键的时候，他要求林区内11座瞭望塔上的瞭望员每天凌晨3点起床，把各瞭望塔的风向、是否下雨等天气信息编辑成短信发给他，这样他自己也基本凌晨3点多就会醒，他笑称这已经是"职业病"了。有时候，他甚至忘记了时间和日期，只知道太阳是不是落山了，"因为太阳落山时辐射大，容易引起火灾，只有太阳落山了才说明今天可能不会有火情了，我才稍微松一口气"。

忙起来的时候，张阔海一个月都回不了一次家。有一次他妈妈从山东老家来阿尔山探亲，来了一个月竟然连一次面都没见上。后来老太太只好亲自到办公室去找儿子，没想到见了张阔海看到他那么忙，撂下一句"儿啊，妈错了，不该打扰你的工作"，说完转身就走了。

在父亲的影响下，张阔海的儿子张欣宇也对"火情"异常敏感。有一次上体育课，老师喊口令，其他同学都齐刷刷地朝前看，只有他一直看着另外一座山的方向，老师问他："张欣宇你往哪儿看呢？"他赶忙指着山的方向说："我看到那边好像有烟。"后来才知道是虚惊一场,张阔海对儿子说,有时候森林里的烟不一定是着火,也有可能是山上地表冒起来的水汽。

自 1999 年担任阿尔山林业局防火办主任以来,张阔海带领下属狠抓防火宣传教育,创新多项防扑火技术,使阿尔山林区实现了连续 15 年无重大人为森林火灾。"我最大的欣慰就是和森林火灾抗争这么多年,没有一场火灾能燃烧到当天 24 点之后。"张阔海说。在他办公室的墙上挂着四个大字:未雨绸缪。这是对他多年防火工作最好的经验总结。

2014 年 1 月,习近平总书记到阿尔山市考察时提出,无论什么时候都要守住生态底线,保护好生态就是发展。张阔海把这句话当成了自己的使命,他要做的就是用自己的一生去守好这片绿色。如今他已年过 50,但和他坚守的这片森林相比,他永远是一个年轻人。

劳动精神

干一行就要干好干精。张阔海以他数十年如一日的坚守和担当,守护着无数人的生命。

资料来源:**中国青年网、央视网、绿色中国**

肆 / 责任·奉献

　　干一行，爱一行，钻一行，专一行，在平凡岗位上也要干出不平凡的业绩。

张玉滚:
乡村教育守望者

" 要千方百计上好每一节课。**"**

　　他是一个 80 后小学校长。他来自乡村，又回到乡村，把青春奉献给大山深处的学校。他先后教过 500 多个孩子，培养出 16 名大学生，还用自己微薄的收入资助了 300 多名学生。当地人说："有了玉滚，我们的孩子就有了希望。"

陶行知先生是我国著名的乡村教育践行者，他有一个愿望：为中国培养一百万名乡村教师。2019年2月，教育部发布了一个数据：截至2018年年底，全国共有乡村教师290多万人（不包括高中阶段和大学）。这个数字和2010年的472万人、2013年的330万人一对比就会发现，乡村教师的人数近年来呈下降趋势。

所幸的是，我国不断有怀揣教育梦想的人在乡村教育的岗位上奉献和坚守。河南省南阳市镇平县高丘镇黑虎庙村小学校长张玉滚，就是陶行知先生所说的一百万名乡村教师中的一员。

"他对孩子是如此地当回事"

张玉滚是河南省南阳市镇平县高丘镇黑虎庙村小学的校长。黑虎庙村距离县城有70多千米，学校深藏在伏牛山深处。这里共有村民1300多人，13个自然村稀稀拉拉地分布在方圆十多千米的山坳里，住得远的孩子要步行三个小时才能来到学校。学校里只有70多名学生，有40多人住在学校里。这些孩子中，三分之一是留守儿童。

2001年8月，张玉滚从师范学校毕业，回到了他的母校黑虎庙村小学。然而他眼前的一切和当初自己上学的时候相比，并没有什么改变：破桌子、破水泥台，里面坐着十来个孩子。看着这些"当初的自己"，张玉滚觉得和他们之间有一种无法舍弃的感情，于是，他几乎没有什么犹豫就选择留了下来，这一坚守就是19个年头。

作为一名乡村教师，首先要耐得住清贫。刚开始的时候，张玉滚每个月只拿30元钱补助，年底再分100斤粮食，2002年6月转正后工资涨到80元一个月。很多老师因为坚持不下去而离开，可张玉滚没有放弃。他去家访，听到家长说"有了玉滚，我们的孩子就有了希望"，他觉得自己的坚守有了意义，是值得的。虽然没钱，但他仍然用自己微薄的收入资助了300多个孩子，让他们不至于辍学。

黑虎庙村交通不便，2006年前还没有通车，学生的课本、文具都是靠张玉滚一扁担一扁担地挑回来的。

有年冬天，天气特别冷，张玉滚和另外一名老师路喜安打算到镇上把孩子们的书本取回来。两人一早出发，本来下午就能回来了，可直到晚上11点，老校长吴龙奇才看到他俩的身影。原来那天下了雨夹雪，路滑难行，山路更难走。两人挑着几十千克重的课本，翻山越岭，肩膀磨肿了，脚上打了水泡，每走一步都疼得钻心，雨水也在眉毛上结成了冰碴。怕课本被雨水打湿，他们就找了个山洞，用自己的外套把书本包起来。回到学校，两人满身满脚都是泥，课本却完好干净。"这个时候我才知道，张玉滚老师对孩子们是如此地当回事。"老校长回忆说。

2006年，黑虎庙村的公路修好了，张玉滚省吃俭用买了一辆摩托车，扁担从此退休，但这两米长的、已经磨得黝黑发亮的扁担一直放在张玉滚的办公室里，"扁担精神"也一直传承了下去。

留守儿童的特殊身份，使乡村教师除了要承担教学任务，还要承担起半个父母的角色。无论是在日常生活还是学业上，张玉滚对学生们都倾注了自己最大的爱护，扮演着半是老师半是父母的角色。

学校里住校生多，但原先没有食堂，孩子们都是从家里带米面馒头，再自己生火做饭，有些孩子太小，做的饭总是半生不熟。张玉滚觉得这样下去可不行，就把自己在外面打工的妻子张会云叫了回来，让她帮孩子们做饭。那时候，张会云打工一个月的收入是2000多元，比张玉滚高多了。2014年的一天，张会云的右手三个

张玉滚和学生们一起吃饭（图片来源：新华网）

手指在轧面条时被轧折了，就此落下残疾。但她仍然选择支持丈夫的事业。

不少留守儿童是和爷爷奶奶一起生活的，老人年纪大了往往无法好好照顾孙辈。张玉滚对这些孩子的情况都很清楚，谁家住在什么地方、谁上学需要接送，他都格外操心。有一次晚上 10 点多，一个孩子的爷爷打电话给张玉滚，告诉他孩子还没有回家。张玉滚放下手中的作业，和妻子一起去找，结果在一块大石头旁边找到了正在熟睡的孩子。夫妻俩轮流把孩子背着，足足走了一个小时才把他送回家。

"千教万教教人求真，千学万学学做真人。"陶行知先生的这句话，道出了教育的本质：坚韧、付出、奉献、无私……这些词语不在课本上，不用讲道理，却润物细无声般地钻进孩子们的心里，因而才深具更大的力量，在学生未来的漫长人生中发挥作用。

"千方百计上好每一节课"

由于师资力量不足，乡村老师一般都要身兼数职。而"给学生一瓢水，老师要有一桶水"，在教孩子的过程中，老师也要持续学习，不断更新自己的知识结构。张玉滚的英语不好，为了给孩子们上好英语课，他买了一台录音机和英语磁带，上课之前先自己跟着录音机一遍遍地学习发音。在课堂上，他也是边放录音边让孩子练习。他开玩笑地说："可不能让孩子们将来出去后说一口黑虎庙英语，让人笑话！"他还自学完成了大专课程，正在自学本科课程："山里本来就闭塞，老师不多学点，咋教孩子呢？"

张玉滚常常说："不耽误一节课，要千方百计上好每一节课。"这些年来，他总是利用各种农村自然条件把书本上的知识"变活"。

上语文课，他带孩子们到大自然里去感知四季变化，让诗歌里的文字变成一幅幅生动具体的画面：春天的"草长莺飞二月天"，夏天的"绿树阴浓夏日长"，秋天的"自古逢秋悲寂寥"，冬天的"燕山雪花大如席"……孩子们在自然中打开了内心的感知力，学会了发现身边的美，在幼小的心灵里种下了爱家乡的种子；上科学课，张玉滚带孩子们上山去考察，自己动手做实验，帮助他们发现身边的科学；上体育课，由于学校缺乏体育设施，他就把体育课当成游戏课，和孩子们一起玩斗鸡，一起去爬山……

实际上，农村教育不能完全向城市看齐，就像 100 年前陶行知先生所说——培养的人如果都是面向城市的，就会导致"农夫子弟变成书呆子，羡慕奢华而看不起务农"，这样的教育肯定是失败的。相反，农村教育应该立足于乡土之本，培养的是自信而非越学越自

张玉滚在和学生们上体育课
（图片来源：新华网）

卑的人，要让孩子们从天地万物中汲取营养，教育的目的，首先是让他们热爱自己的家乡。这些乡村教育的真知灼见，张玉滚都做在了日常的教育中。

2012年，张玉滚转正成为一名公办教师；2014年，他接任了黑虎庙小学校长职务。与此同时，在国家政策大力扶持下，学校的办学条件也不断改善，宿舍楼和食堂相继盖起来，教室安装了推拉式黑板，有了新的电教设备、图书室，还有了塑胶跑道、乒乓球台。以前是几个年级一起上课，现在从学前班到五年级都分开上课。老师也多了起来，张玉滚的侄子张磊带着女朋友从深圳回来，双双做了老师；还有人在听了媒体对他的宣传后被他的事迹感动，主动来到黑虎庙小学任教。2018年，河南南阳市第十二小学在黑虎庙小学建立了支教培训基地，越来越多的老师走上了黑虎庙小学的讲台……

坚守乡村十九年的张玉滚，凭着责任感和奉献精神，终于担起了乡村孩子的未来。

劳动精神

他坚守乡村十九年，终于看到自己擦亮的一点微光，正渐渐地凝聚成更亮的光束，照得更远，通向未来。

资料来源：中国文明网、中国经济网、中国青年网

白玉晶：
城市地下开出的"铿锵玫瑰"

> **“** 身为排水清掏工人，我感到光荣和快乐。 **”**

参加工作二十多年来，钻明沟、爬暗渠，掏窨井、通管路，吉林省辽源市水务集团供排水维护服务公司排水维护队队长白玉晶从没叫过苦。每一年，她和她的维护队员们在辽源市走过的大街小巷里程达600多千米，每年清掏雨水井6900余个、检查井3700多个、疏通管道总长200多千米。她把自己变成了辽源排水管网的一张"活地图"。

每到夏季，一场暴雨就有可能会使一座城市变成海洋，使城市陷入瘫痪。也正因此，一座城市的排水系统，被形象地比喻为"城市的良心"，提醒着城市管理者们必须要以极大的责任心，关注这个看不到的地下网络。而这个网络中不可缺少的一环，就是那些排水系统的维护者们。

白玉晶，就是他们中的一员。

辽源排水管网的一张"活地图"

白玉晶是吉林省辽源市水务集团供排水维护服务公司排水维护队的队长。这个工作和许多人的工作性质可不一样，用通俗一点的话说，白玉晶和她的队员们，大多数时间都在和下水道"打交道"。

有一个数据可以说明白玉晶这个排水维护队队长的"势力范围"：全市共有200多千米排水管线，1万多个排水井，500多米明沟、暗渠，12座沙仓等，这些地方，都是白玉晶的排水战场。

1998年，从计算机专业毕业的白玉晶被分配到辽源市水务集团供排水维护服务公司排水维护队，那时的她对这份工作还完全陌生。第一次穿着胶皮叉裤清掏检查下水井的时候，因为环境又脏又臭，从井底上来后，她整个人都瘫在了地上。那时的她正处在一个女孩爱美的年龄，这份工作一度让她觉得有些"丢人"，难以接受，父母也支持她换工作。但白玉晶个性要强，有一种不服输心态，思来想去，还是决定留下来，特别是她看到排水维护队的其他女工们，"她们掏完井上来后，还能有说有笑地换上时髦的衣服去跳舞，我特别想来看看这是一个怎样的集体"，就这样，白玉晶留了下来。坚持着工作了一段时间后，白玉晶才渐渐想通了，用她自己的话说："每项工作都要有人去做,既然选择了干清掏工作,就要努力把它干好。"

从那以后,白玉晶就沉下心来,克服一道道难关,练就了一身"绝技"。

每年春天,天气一转暖,冰雪融化速度快,容易形成"桃花汛"。为了保证"桃花汛"来临时排水畅通,白玉晶就和她的队员们,把辖区内上万个下水井、下水管道通通检查一遍,及时清掏堵塞、清理积冰和垃圾,以免经受不住汛期的考验。

夏天是排水维护队工作最忙的时候,他们最怕的就是夏天下雨。下雨就像一道军令,白玉晶她们必须第一时间冲到城市的低洼地段,掀开井盖放排积水,防止排水井堵塞。

2016年8月31日,台风"狮子山"来袭。第二天凌晨1点多,雨越下越大。白玉晶巡查到建材道口时,发现这里的排水井正"井喷"

白玉晶在清掏工作现场(图片来源:吉林省妇女联合会官网)

式地向外喷泻积水，还混合着粪便、污泥、浊水，在路面形成半米深的积水区。白玉晶二话没说就走入积水，在各个排水井之间来回奔走，用手将排水井里的垃圾往外掏。有的下水井盖被冲走，她就凭着记忆用手摸，找到排水井，再把冲跑的井盖盖上。等积水逐渐地退下去，白玉晶也累坏了。

还有一次强降雨天气，白玉晶和同为排水工人的丈夫必须要出门工作，只好请门卫老大爷帮忙照看一下当时只有两岁的女儿。3个多小时后，当浑身湿漉漉的她再见到孩子时，孩子已经哭累睡着了。后来只要一下雨女儿就知道妈妈不能陪在她身边了。

冬天，东北地区气温低至零下二三十摄氏度是经常的事儿，因此总有上水管线被冻裂、形成冰面的情况发生。为了防止冰面对行人、车辆安全造成威胁，白玉晶就顶着寒风用镐慢慢刨冰，配合铲车工作。寒风凛冽，行人都穿着厚厚的棉服，而白玉晶却大汗淋漓。

正是凭着这份对工作的责任心，参加工作这些年来，钻明沟、爬暗渠，掏窨井、通管路，白玉晶从不叫苦。她还在工作中发挥主观能动性，主动列问题清单，提合理化建议，认真钻研工作技巧，大胆创新清掏工具，硬是把自己变成了辽源排水管网的"活地图"。

把事情当成乐趣来做

白玉晶的日常工作可以作如下概括性描述：潮湿、阴暗的下水道，是她的办公场所；与刺鼻的气味和令人作呕的污物打交道，是她的工作内容。

为避免交通堵塞，白玉晶一般早上4点半就开始清掏工作了，周六周日也不休息。准备下井清掏前，要先脱下鞋，套上两层厚厚

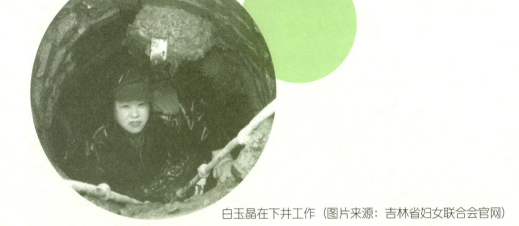
白玉晶在下井工作（图片来源：吉林省妇女联合会官网）

的袜子，再穿上密不透风的胶皮连体叉裤，戴上两层手套和呼吸器。这样的装备虽然笨重，但可以使她尽可能避免闻到井里难闻的气味以及被污水和泥水弄脏身体。

下到大约四米以下的井内，井下工作时间要视清掏任务而定，有一次清掏超过半个小时，被拉上来的混着淤泥的脏水，细数一下，竟有26桶之多。有时候，受环境、条件等限制，疏通排水管路还需要亲自"下手"，勺子、铲子都是白玉晶趁手的工具，如果碰上炎热的夏季，用勺子、铲子搅动污水，立刻涌上来酸、腐、腥、臭等难闻的气味，那气味不是一般人所能想象的。

日复一日在这样的环境里工作，一般人都不能坚持得下来，但白玉晶做到了。谈到她能坚持下来的原因，白玉晶说："人总是要做点事的，在做事的时候，不要当成负担，而要当成乐趣。"

这句朴素又深刻的话，也许可以视为白玉晶在这个岗位上坚持下来的最有说服力的理由。而当这份工作和努力为其他人带来便利时，也会给白玉晶以精神上的回报。"当你看到这个社会有那么多人因我们的工作提高了生活质量时，当看到还有那么多工作需要自己时，我就会感到无比的幸福和自豪。"白玉晶说。

辽源市有不少老旧小区，近年来市里不断加大对"弃管楼"的改造力度，白玉晶的排水维护队承担了其中的下水道改造任务。然而，由于多年来排水不通，不少出户井早已被百姓私自接成了化粪池。白玉晶带着队员们，在臭气熏天的工作环境中，把粪便一勺一勺地掏上来，仅仅用了 13 天时间就改造了 17 栋楼，困扰居民十多年的难题终于得到了解决，附近的居民一提起这件事，就对白玉晶和她的维护队员们充满感激。

2018 年 5 月，有一个小区的排水管线发生淤堵，这本来不是她的工作职责范围，但她还是第一时间赶到现场。经过排查发现，排水不畅的主要原因是小区的排水井坍塌堵塞，需要疏通。由于小区施工作业面狭窄，机械设备根本无法进入。为尽快解决问题，她带领排水队员，硬是用手把砖石一块一块清理出来，花了两天完成了清掏、疏通工作，恢复了小区住户的生活，赢得点赞。

水务集团排水维护队有 33 名队员，除操作机械的司机外都是女工，白玉晶对她的队员们也非常爱惜。为了保护自己的队员，她提出要求：凡遇到有清掏难度或有毒有害气体浓度高的井，如果机械无法施展，需要人工下井，只能她下，"如果我不在现场，任何人都不允许下去"，这是白玉晶的死命令，用队员们的话说，"喝污水、吸毒气就是我们队长的一日三餐"。

多年来，她收获了"全国五一劳动奖章""全国三八红旗手"等殊荣，2017年，作为十九大代表，她以一名基层工作者的身份到各地宣讲她的工作事迹，也让她更深地感受到了自己这份平凡工作的意义。"身为排水清掏工人，我感到光荣和快乐"，这句话，既体现了她对自己工作的高度自豪感，也揭示出一个普通劳动者坚定的人生价值观，那就是：在平凡岗位上书写好自己的责任与担当。

白玉晶，是父母给她起的名字，希望她像白玉一样晶莹美好；

如今，她用自己对人生的理解，在城市的地下，培育生长出一朵芬芳美丽的"铿锵玫瑰"。

劳动精神

"人总是要做点事的，在做事的时候，不要当成负担，而要当成乐趣。"白玉晶正是用这句朴素又深刻的话不断鼓励自己，干着又脏又累的活儿，提高了别人的生活质量，也收获了属于自己的满足感和荣誉。

资料来源：《新文化报》、《工人日报》、中工网

裴春亮：
讲好裴寨的故事

> **"** 一人富不算富，全村人富了还不算富，把邻村都带富才叫富。**"**

　　2005 年，先富起来的裴春亮出资 3000 万元，给村里每一户人家都建座楼房。村民搬进楼房后，裴春亮说，"住上了新房子，还得让社区居民人人有活干，家家有钱赚。这样，长久的好日子才有保障"。这就是裴春亮，"群众心里盼的就是我要做的"。

裴寨村，位于河南省辉县市东面的张村乡。

《诗经·国风》中，《邶风》《鄘风》《卫风》里的诗歌都出自这一片地方——

瞻彼淇奥，绿竹猗猗。

有匪君子，如切如磋，如琢如磨，瑟兮僩兮，赫兮咺兮。

有匪君子，终不可谖兮。（《诗经·卫风·淇奥》）

这是一首对君子发出由衷赞美的诗。在古人眼里，君子应该像挺拔的翠竹一样。怎样才能成为君子？则需要"如切如磋、如琢如磨"，即经过后天的修行和磨炼才能获得。

如此深厚的文化积淀，两千年来一直浸润着这片土地上的人们，直到现在。

爱动脑筋的劳动者

裴春亮的家在裴寨村的东面，以前一家七口人挤在三间又窄又小的西屋里。1970 年裴春亮出生，家里穷得叮当响，连双鞋都买不起，童年的他无论上学还是下地都是光着脚。裴春亮十多岁的时候，他的两个小哥哥又接连发生事故离去，大哥脑溢血半身不遂，妈妈受不了这个打击，很快就被查出得了食道癌，而身体强壮的父亲也一病不起，裴春亮 16 岁时，老父亲离开了人世。

全家人的重担一下子压在了还未成年的裴春亮身上，他不得不要面对生活的严霜。

裴春亮从到砖厂做小工开始，干了一段时间，他就意识到，如果不学一两门可以压身的技术，那这一辈子也许就只能干苦力了。于是他就去学习电机维修和电气焊，两年后学成归来，在村里租了两间门面房，干起了维修电器的小生意。在这个过程中，裴春亮第一次发现了"商机"——附近的一些企业老板经常为买机器的零配件而发愁，专程去买会耗费人力物力，不买又会影响工厂的生产。针对这个情况，裴春亮借钱又开了一间五金店，一边卖五金电料，一边干维修。他这里质量、价格都有保障，干活靠谱又快速，很快，生意便红火了起来。

一个好的劳动者，并非只知道苦干，还要巧干。裴春亮脑子活，喜欢琢磨，看到张村乡有很多小煤矿，他就想给它们供应煤柱、道轨、钢丝绳这些采煤设备和原材料；后来他又开饭店、办酒店，做机械铸造、水泥生产，生意越做越大，成了远近闻名的致富能人。

3000万元给乡亲们盖房

作为一个凭着自己能力致富的劳动者，裴春亮始终没有忘记，父亲去世时，是乡亲们向他伸出援手做棺材，你一点我一点地凑钱置办寿衣，让父亲体面地下葬。那时候，裴春亮就在心里发誓：只要日后成功，我必定加倍报答乡亲们！在这个朴素的劳动者的心里，人就应该知恩图报。

2005年，裴春亮被乡亲们推选为村委会主任。身为村委会主任，他一心想着怎样能够让裴寨村的发展更好，让乡亲们生活得更好。当时村里的村民们大多数还住着历经风雨、已变得破破烂烂的土坯房，他便做了一个决定：出资3000万元，给村里的每一户人家都建座楼房，让乡亲们能住上宽敞的砖房。

裴寨新村一角（图片来源：中华网）

于是，裴春亮在不占用耕地的前提下，建成了现在远近闻名的裴寨新村。后来，乡政府依托裴寨新村，将周边的 11 个村子整合建成了裴寨社区，社区内配套建设了学校、幼儿园、医疗所、体育场、超市、办事服务大厅等，让乡亲们真正过上了"城里人的生活"。

建设裴寨新村的同时，裴春亮还着手解决了许多问题：他个人出资 83 万元，打了一口 530 米深的水井，给乡亲们提供了放心安全的饮用水；他带领乡亲们建造 5000 立方米的蓄水池，解决了种田的浇水需求；建造裴寨拦洪蓄水水库，不仅解决裴寨社区居民用水和耕地用水的问题，依托水库还发展了裴寨的服务业，如观光旅游、钓鱼休闲、农家乐等项目。

2018 年，作为新农村建设的示范村，不少人慕名前来。有一次，中国外文局采访团到裴寨考察了 4 天，瑞典人汉尼斯舍不得走，又独自留下来采访了好几天。带队的人民画报社的领导说：裴寨的故事，是我们对外讲好中国故事的最好素材。

新农村带头人

下面是一则"裴寨的故事"：

一位村民结合自家的实际情况，谈起裴寨村这几年的变化，激动地说："我大儿子一家三口在商业街开了一家门市部，一年收入保证有5万元；我二儿子小两口在春江集团上班，两个人的工资每个月将近4000元，一年收入又是4万元；我和老伴承包了三个钢架大棚，每个大棚一年收入10万元，三个棚一年就是30万元，除去承包费和各项开支，一年收入估计能达到10万元。在社区我们住着新楼房，和城里人过的生活没两样，你说我们这一家哪一样能离开春亮书记的功劳？"

这个故事里有几个关键词：大棚、春江集团、商业街。这几个关键词也正好说明裴春亮这个新农村带头人的眼界和格局。

建设裴寨新村的同时，裴春亮也谋划着如何能让乡亲们"可持续发展"。"住上了新房子，还得人人有活干、家家有钱赚。这样，长久的好日子才有保障。"

他招商引资，筹办了年产能力500万吨的春江水泥有限公司，成立了春江集团，裴寨村村民人人免费参股。水泥厂一下子解决了200多名村民的就业问题。另外，裴春亮还开设了织袋厂，提供给300多名妇女进行就业。经过几年发展，春江集团的业务已经涉及金融、化工、发电、旅游等多个领域。

一方面发展工业和服务业，另一方面仍然要立足农业发展。就

裴春亮走访村民，村民请他品尝柿子（图片来源：《人民画报》）

像当初给自己做出正确的选择一样，他给裴寨村的选择证明也是对的。经过多方考察，裴春亮决定在村里发展温室大棚。"只种小麦玉米没有多大的发展，必须发展高效设施的农业。"为此，村里为农户实行低价承包，让农民感到"有利可图"——一亩大棚的承包费每年只要250元，而收益每年却有2万元，这可比以前种地强多了。裴春亮又拿出860万元建设了5000立方米的山顶蓄水池，铺设了11千米的管道，为温室大棚解决了用水的难题。根据规划，这里今后将形成5000多亩高效农业种植基地。

与此同时，长1.5千米、宽50米的裴寨商业街也已经初步建成。商业街有600多间门面房，已有近200家商户入驻。按照规划，商业街西侧还将兴办几个股份制企业，建设高效低碳无污染的新型工业园区。

现在的裴寨村早已不是我们概念里的裴寨"村"，而是一个大型生态社区。作为裴寨社区党总支书记，裴春亮就像一个设计师，他的脑子里早就有一个详细而清晰的规划："我们的计划是通过分别发展农业、工业和商业，让社区群众到路东当农民、到路西当工人、到商业街里当商人、住进社区当市民。"与此同时，他也在一直思考"裴寨故事"的可持续性："不能只靠我一个人或者几个人，最终还是需要制度支撑。"现在，裴寨不仅有产业蓝图，还有各种村规民约，甚至在村里推行起了垃圾分类，用裴春亮的话来说就是：裴寨人的精气神就是要和别人不一样。

而在裴寨村脱胎换骨的过程中，裴春亮最初那颗报答乡亲的初心，也早已转化为一种对裴寨村的责任感和奉献精神，因为他深深地理解：这里是他的故土，是他的根。

劳 动 精 神

最初是简单的报恩的初心，渐渐地转化为一种对裴寨村的责任心，他要把整个村子扛在自己的肩上。只有家乡富裕了，他的心愿才算完成了。

资料来源：中国青年网、中华网、央广网

崔光日：
警察这个职业，是我一辈子的骄傲

> 一个人如果工作不干出个样子来，就没有尊严。

"太阳光下无暗处"，这是对崔光日工作的最高评价。他用三十多年的时光书写出漂亮的七个大字：人民警察为人民。在崔光日看来，他没做过什么惊天动地的大事，或破过什么大案，"我只是干了一些应该干的事"。这些事，他干得漂亮。

汪清县位于吉林省延边朝鲜族自治州东北部，与俄罗斯、朝鲜接壤，紧临图们、珲春、东宁、绥芬河几个开放口岸。

汪清虽然在全国名气不大，但若提起"宁古塔"估计很多人就熟悉了，清朝皇帝一震怒就一道旨意把大臣贬去的那个荒凉地方。自清朝起，汪清就为宁古塔将军所管辖。

本文的主人公是一名普普通通的汪清人，他虽然不为大众所知，在汪清却是有名的硬汉、"拼命三郎"，像"堡垒"一样守卫着汪清。他叫崔光日，这名字听上去和他的职业也似有关联——"太阳光下无暗处"——因为，他是一名警察。

崔光日生在一个警察世家，小时候，他就偷偷地穿过父亲的警服。在他幼小的心灵里，警察就是英雄，能穿上父亲的警服，他也就种下了英雄的基因。

警察的警种有很多，崔光日干过的可不少。从1989年穿上警服，他干过看守警、派出所民警、缉私警、缉毒警。如今，他是一名交警。在每一个警种上，崔光日都用自己的一言一行书写着他对"警察"这二字的理解。

英勇无畏、忠于职守

"警察"的第一笔应该是英勇无畏、忠于职守。

1995年夏天，一名服刑犯人从监狱逃脱，经追查发现他已逃到山东莱州，崔光日和同事便赶往莱州追捕。在实施抓捕的时候，这名逃犯用一把铁钎向战友头上砸过去。眼看着战友陷入危急，崔光日不顾自己可能受伤，推开战友，用手臂挡住了铁钎，他忍着巨大的疼痛，最终将逃犯制服。

2000 年左右，崔光日和四名战友驻扎在深山里，抓捕走私犯罪。他们在山里蹲了一年，夏天日晒雨淋，冬天爬冰卧雪，先后查获了走私车辆 50 多辆，案值近千万元。

2002 年 8 月，崔光日当时是一名缉毒警。有一天，他穿着便装外出办案。来到一家饭店门口时，刚好看到两伙人在打架，其中一伙人手里拿着大钢刀等凶器。眼看着两伙人就要火拼，弄不好就会伤及老百姓，崔光日也顾不上考虑什么了，马上冲到这两群人中间，大喝一声："把刀放下！我是警察！"打红了眼的歹徒见来了警察，举起刀就向崔光日刺了过来，崔光日和他们打在一起。等到其他警察赶来把歹徒制服，崔光日的腹部已经被刺了两刀，肠子都露了出来，血流了一地。"你不怕死吗？"有人后来问他。"当警察不能怕死，你不冲在前面，谁冲在前面？维护社会安宁，是我们的责任！"他说。

与各种各样的犯罪行为做斗争，不顾生死，英勇向前，是人民警察的天职。

秉公执法、不徇私情

这"警察"的第二笔，写的应该是秉公执法、不徇私情。2008 年，崔光日被调回城区交警中队，十多年来，他执法数万次，实现了零违纪、零有责投诉、零执法过错的"三零"纪录。

崔光日执法时铁面无私、六亲不认，这在汪清县是出了名的。因为交通违章，他处罚过朋友的妻子、领导的家人甚至是自己的老同学。而那些被他处罚过的司机，后来有不少人成了他的朋友。

崔光日正在马路执勤（图片来源：吉林省公安厅官网）

　　出租车司机孔庆忠以前经常因为违反交通规则而被崔光日罚款，因为他是外地人，所以他觉得这是崔光日专门针对他，就暗地里一直跟他过不去。有一次出车，下了很大的雪，路上不少车都陷在雪里开不动。孔庆忠看到了这一幕：只要看到车陷进去，崔光日就过去帮忙推；看到老人小孩过马路，崔光日就赶快去扶。崔光日还来敲了他的车窗，问他是否需要帮忙。孔庆忠感受到了这位警察执法之外的另一面：温度。

　　2012 年快过年的一天，一辆逆行的出租车被崔光日拦了下来，驾驶员听说要罚 200 元，就给崔光日求起情来，他说自己是因为想趁着过年多挣点儿，还没来得及给家里置办年货。但崔光日当时没听他的，还是照旧罚了他。过后他找人打听这位司机，知道了他说的都是实情，于是他买了 300 元钱的东西，让他到交警队来拿。"从谁兜里掏钱都难受。但你要明白，今天不罚你，就是给明天留下安全隐患。依法治安、执法公平，这是当交警的职责。"

人民警察为人民

　　"警察"的第三笔是"人民警察为人民"。崔光日经常对人说，他是真的喜欢当交警。因为长期工作在第一线，他的身体被拖垮了，组织上为了照顾他的身体，原本安排他做一些督导的工作，不用每天出警。但崔光日闲不住，他每天都忙得很：早上7点，他要到汪清县第一实验小学的护学岗，护送孩子们过马路；之后回到交警中队，开始检查全队交警的执勤情况；然后再到执勤岗，进行路面执勤；下午四点，他又准时出现在实验小学门口，护送孩子们放学。

　　他在百草沟交警中队任中队长时，发现当地农民大多使用手扶拖拉机出行。为了减少因拖拉机前后灯光不足而造成追尾伤亡事故，崔光日思考着有效的解决方法。他自费买了反光纸，和民警们把反光纸剪成一个个大小合适的反光贴纸，用了一个月时间给辖区内300多台手扶拖拉机全部贴上了。崔光日叮嘱每位村民，一定要注意安全。当年百草沟镇没有发生一起拖拉机追尾事故。

崔光日护送孩子们过马路（图片来源：中国经济网）

2013 年，有一次在执勤的时候，崔光日发现有一辆无牌车逆向行驶，还连续冲过 4 个关卡。他紧紧地跟在这辆车后面，逼停车子后才发现，司机是一位 60 多岁的老人。而老人在回答他的问题时语无伦次，崔光日判断这个老人可能精神不正常，如果发生交通事故，后果不堪设想。他很细心地调查老人的情况，发现这是一辆报废车，是从一位车主那里买的。于是，他又周转找到原车主，说服他把车收回，把卖车款退还给这位老人。崔光日这么做，既没有给双方造成损失，同时又消除了安全隐患。

"我没做过什么惊天动地的大事，或破过什么大案，只是干了一些应该干的事。"在崔光日看来，"为人民服务"不是一个口号，而是在日常工作中的一点一滴，他为这个口号赋予了具体的内容。

坚守和奉献

崔光日为"警察"写下最浓重的一笔，是坚守和奉献。

2012 年 8 月，崔光日被确诊患上了尿毒症，要靠血液透析来维持生命，每周一、三、五要去医院进行治疗。可他一想，如果这样的话，那他一周就要请三天假，但如果换成每周二、四、六，就会占用一个休息日，这根本就不是一个病人的思维，但崔光日说："只要我还能站在街上执勤，就绝不会躺在床上等死。"

熟悉崔光日的人都知道，他每一次出去执勤，都要随身带着三样东西：拖鞋、棉袄和小水壶。拖鞋是为了防止脚浮肿，因为他要站很长时间；棉袄是因为他体质太差，别人穿单衣的时候，他就要穿厚厚的棉衣；他带的水壶是小学生用的那种，有吸管，因为口渴的时候要喝水，但他的病情又不允许他喝很多，所以口干舌燥的时候就只能用吸管沾一点水润润嘴唇。

因为要做透析，他的胳膊上会有一个瘘，正常情况下这个瘘不会轻易堵塞，但崔光日胳膊上的这个瘘才一年多就堵了，医生说，这是因为他经常用这只胳膊太劳累所致。没办法，医生只能在他的脖子后面做了一个临时的颈部插管。

也许有人会说，崔光日这么做没必要。但在这个世界上，总是会有一些人在坚持做着别人看来没必要的事，而那些凡事总要考虑有没有必要的人，往往会缺少情怀。

在警察这个岗位上，崔光日一干就是二十多年，虽然是普普通通的工作，但他凭着坚守和奉献的情怀，把"警察"这两个字写得无比漂亮。他常常说："我最大的愿望就是能工作到 60 岁退休，漂漂亮亮干他一辈子。" 他用无限忠诚践行着入党时的誓言，他做到了一个人民警察该做的事。

"一个人如果工作不干出个样子来，就没有尊严。选择警察这个职业，是我一辈子的骄傲。"崔光日说，"我永远不会忘记自己是一名人民警察，任何时刻都要对得起头上的国徽，对得起身上的警服，对得起人民给予我们的信任与重托。"

劳动精神

在崔光日看来，"为人民服务"不是一个口号，而是在日常工作中的一点一滴，他为这个口号赋予了具体的内容：英勇无畏、忠于职守；秉公执法、不徇私情；关心群众、坚守奉献。

张义标：
普通人的榜样力量

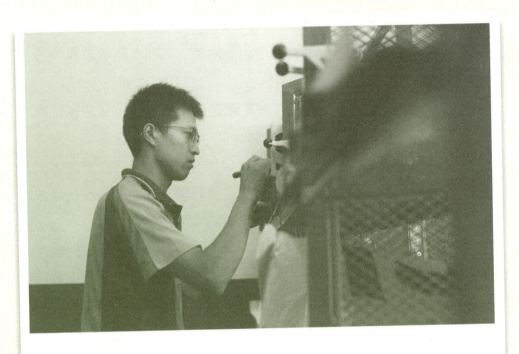

> 每个人都有需要别人帮助的一天。我愿意尽己所能，帮助他们。

　　一个普普通通的快递小哥，却总是做着"份外"之事：自创统筹管理办法给客户分发快件，入行五年保持了快递操作"零失误"；在派件过程中发现一名花甲独居老人，三年多来不嫌辛苦麻烦地承担起照顾老人的责任。他虽平凡，却做着不平凡的"小事"。

榜样，往往具有一个时代的精神特质，集中彰显了这个时代所弘扬的道德力量，对榜样的褒扬也体现了整个社会的价值取向、情感意志和社会风气，大到崇高的民族精神气节，小到个人的品德修养，这些内容构成了每一个中国人骨子里的精神内核。

孔子说："三人行，必有我师焉。"和那些英雄人物相比，普通人对榜样力量的塑造更有意义，他们身上所体现出来的榜样精神，化身在日常中，朴素却闪闪发光，可以影响更多身边的人。

在80后青年张义标的身上，就有着这种朴素但闪光的品质。

再平凡的工作也要用心去做

张义标来自江苏，是一个普普通通的农村小伙。高中毕业后，他到工厂做过机械工，还做过网站编辑。2015年，他加入了顺丰，成为一名快递员。

做快递员首先要练就腿力，没有吃苦的准备是很难坚持下来的。张义标在北京主要负责的是潞苑小区，位于通州，小区里有不少旧房子，大多数都没有电梯。张义标每天要派送100多个快件，上上下下地爬楼梯，时间长了，他每天回家后都是腰酸背痛。但张义标也没有过多地抱怨，仍然认真地给客户投送快件，就这样坚持了下来。这个朴素的小伙子说："既然选择了快递员这份工作，我就要把它做好！"

无论多么平凡的工作，用心做和随便做，区别也是非常大的。张义标是个喜欢动脑筋的有心人，除了每天派件，他同样留心跟快递有关的所有技能。不管是在派件的路上，还是在休息的时候，只要能用得上的空闲时间，张义标就利用起来，通过公司开发的线上

张义标在查验快递情况（图片来源：中国文明网）

学习课程，再结合工作实践，给自己充电学习。他用了一个月时间就熟悉了公司的各项终端、电脑操作和业务推广工作。

时间长了，张义标又开始琢磨起客户来。他发现，不同职业、不同年龄的人都有自己的收派件规律，比如他管辖区内有一个客户是开网店的，每天派件量很大，晚上要工作到很晚，而早上开门也比较晚。掌握了客户的这个作息规律后，张义标就根据客户的时间来派件。凭借着他的认真和细心，张义标的脑子里有了一张详细的"客户派件表"，不仅大大提高了工作效率，也让客户感到非常贴心。

像这样简单而单调的事情，只要用心去做，同样可以从中获得乐趣和满足感，由此带来的满足感，甚至比做一件惊天动地的大事还要大。生活本来就是平凡的，能从平凡的日常中获得乐趣和满足，这本身就是一种能力。

从 2015 年至 2017 年，张义标一直获公司快递操作零失误奖、新业务推广奖以及快递收派实名认证百分百奖等多项奖励。而这些"零失误""百分百"数字的背后，是他对这个平凡工作所持有的一份认真的态度。现在，张义标已经是公司的一名基层管理人员，相信这种执着可以让他走得更远。

成为一个有能力帮助别人的人

敬老爱老是中国人的传统美德，这种美德在历史上不断地被赞许褒奖，敬老爱老的故事一直流传至今，润泽着我们的心灵，成为中国人最稳定的价值观。张义标也是一个受这种传统教育浸润至深的人。

2016 年，张义标像往常一样送快递，来到他投送的片区某居民楼 6 层，这是一件货到付款的快件，需要和客户当面交接。张义标敲了很久才有人来开门，原来屋里是一位腿脚很不方便的老人。张义标把快件送进家，这才发现，客厅里乱七八糟地堆着东西，只有一个非常窄的通道供人行走。餐桌上放着的食物看上去像是三四天前的剩菜了，早已变了颜色。卧室的环境更是糟糕，难闻的味道、破烂的床单……

此情此景让张义标记住了这位老人。从这天起，他开始主动关心这位老人。他发现，老人经常收到快递，大部分都是保健品，于是担心老人会受骗，就主动询问起了情况。原来，这个老人早年因为喝酒而导致家庭矛盾离了婚，一直是一个人过，没有人照顾他，日子过得一塌糊涂。老人年过花甲，因为做过脊椎和腿部的手术而导致身体瘫痪，走路还需要借助辅助器，生活来源主要是微薄的退休金和一点残障人士补助。他经常把钱都花在买各种保健品上，但没得到什么实际的保健效果。

张义标开始为这位老人的现状担忧起来，他决定在自己力所能

张义标为老人打扫房间（图片来源：首都文明网）

及的情况下，尽最大的能力帮助这位老人。于是，只要抽得出时间，他就上门为老人打扫家里卫生，给老人换洗床单被罩，给卧室通通风换换气，尽可能地让老人住得舒服一些。他还主动承担了帮老人买食品和生活必需品的活，有空的时候就陪老人聊聊天。老人腿脚不便，已经有一年多没有洗澡了，他就帮老人洗澡，当看到老人洗完澡后露出轻松愉快的笑容时，张义标怎么也忘不了这一幕：原来让一个老人家开心，只需要做一些简单的事就够了。张义标后来说，他自己也不知道当时是哪来的毅力让自己坚持做这些事情的。他做了即便是至亲的人也不一定能做好的事，他决心给老人尽可能多的关心，让他感受到更多的善意。

就这样，张义标和老人之间渐渐有了一种亲人般的牵挂。老人长年一个人生活，养成了孤僻的性格，和周围的人也不来往，却在张义标的关心下慢慢开始愿意与人交流，长期憋着的心里话终于找到了吐露的对象，身体和心情自然也好了起来。每当张义标想到自己的父母在老家也可能是类似的情况，他就希望自己的父母年老时、需要人帮助的时候，周围的邻居和朋友也能够帮一帮他们，"我们自己也会老，当我们老了，需要人帮助的时候，陌生的年轻人不要嫌弃我们是老人，愿意帮我们，愿意听我们唠叨几句"。一个善良的人，首先是一个有同理心的人。张义标正是如此。

就这样，张义标默默地帮助吴弘老人，直到 2018 年北京市举行"北京榜样"主题活动，张义标的事被媒体宣传，他的妻子和同事们才知道了这件事。

张义标热衷公益的心，让他一直行动着。2018 年，他参加了公司组织的"'顺丰莲花助学，爱在路上'壹点公益基金活动"，去到了甘肃的偏远山区，去了解那些困难家庭的孩子们。家长和孩子们的渴望和期盼，让他更加坚定了要成长为一个更有能力帮助别人的人的决心。他认真记录并反馈了 6 户家庭的困难和需求，帮助他们申请公益基金，让孩子们实现上学的梦想。2019 年，他被授予了"全国五一劳动奖章"。

这就是张义标在自己平凡岗位上的坚守奉献，像许许多多的劳动者一样，是我们每个人的学习榜样！

劳 动 精 神

让自己成为能帮助别人的人，就可以从平凡的工作和生活中获得乐趣和成就感。

资料来源：中国文明网